子ども主体で考える
12か月の学級経営と
授業づくり

特別支援学級
ハンドブック

いるかどり／武井 恒／滝澤 健

special needs
class handbook

ソシム

いよいよ、学級経営の始まりです。

子ども達の成長に携われるという幸せを忘れずに
私達と一緒に安全・安心な学級経営を進めていきましょう。

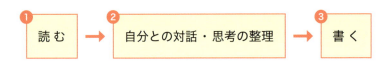

３つのステップで理解を深めることができます。
書き込むことで、世界に一冊のあなただけの本にしましょう。

子ども達が笑顔になるためには
まずはあなた自身が笑顔になることが大切です。
私達は、
子ども達にとって最大の人的環境であることを自覚しましょう。
毎日の教育は、あなたの笑顔から始まります。

そして、本書を通して
いつでも「子ども達を中心に」考えることができる教師を目指して
日々の教育活動を進めていきましょう。

この年度を終える頃には、今日から始まったこの記録が
あなたにとってかけがえのない財産となります。
学び続けることができるあなたを心から尊敬しています。

「将来は教師になりたい」
夢をもったきっかけはなんですか？
あの頃の自分を思い出して書いてみましょう。

「どんな教師になりたい」
教師になる夢を実現した今、
どんな教師になりたいですか？

- 子ども達といっぱい遊びたい！
- 子ども達の相談には、丁寧に乗ってあげたい！

など、具体的に書いてみましょう。

初心を忘れずに１年間を過ごしていきましょう。

はじめに

　本書を手に取っていただきありがとうございます。この本は、これから教師になりたい人も、初めて特別支援学級の担任をする人も、教師を指導する立場にある人も、書き込みながら思考を整理し、研修のように読み進めることができる内容となっています。

　日々、学校生活の中で、子ども達とかかわればかかわるほど「学級経営」や「授業づくり」の重要性を感じます。いつでも子ども達を中心に考えて働きながら、自分自身のことも大切にできるように一緒に学んでいきましょう。

　本書のテーマは、**学級経営と授業づくり**です。特別支援学級担任としての職務から、子どもの実態把握、そして授業づくりまで解説をしていきます。

　第1章では、学級経営と学級事務について解説をしています。子どもと保護者を大切にすることはもちろん、教師として働く上で大切な視点を詰め込みました。

　第2章では、実態把握と連携について解説をしています。表面的な指導が続くと二次障害につながってしまう恐れがあります。そのため、背景要因から中心的課題を想像しながら生活・学習の課題を改善・克服できるように解説をしています。

　第3章では、授業の組み立て方について解説をしています。学習指導要領に示されている「目標」の確認、そして事例を通して各教科の授業づくりについて解説しています。学級の子など、あなたの目の前の子ども達を想像しながら読んでみてください。

本書の「書き込み式ワーク」については、直接書き込みながら思考を整えたり、コピー印刷をして使用することができます。また、ソシム公式ホームページからダウンロードができますので、ご自身に合った方法で活用してください。作成したワークは、記録を積み重ねていくことで、自分の指導の記録として活用することができます。また、子ども達の成長や課題を把握することができ、次の目標に向けた情報収集のツールとして活用することができます。

　私達が子ども達を理解しようとする姿勢は、日々の何気ない会話や表情から子ども達に伝わっています。そして、その思いは、子ども達の心を素直に育む栄養となります。いつでも「子ども達が安全安心に過ごし、楽しく学べる」学校生活を送ることができるように考えていきましょう。

　最後に、本書の執筆に当たって、空に架かる橋Ｉメンバーの皆様と一緒に第3章の事例を執筆できたことを嬉しく思います。全国の学校種別での実践は、大変勉強になりました。共著を快諾していただいた武井恒様、滝澤健様、打ち合わせや執筆はとても楽しかったです。誠にありがとうございました。出版にご尽力いただいたソシム株式会社の内藤杏里様、深く感謝申し上げます。

　そして、本書を手に取り、今も子ども達のために「学び続ける皆様」に深く感謝申し上げます。子ども達の成長を願い、向上心をもって学び続けている皆様の存在が、私の活動の原動力となっています。これからも、すべての子ども達と子ども達にかかわるすべての皆様の笑顔のために、全力で活動を続けていきます。

　2025年2月

いるかどり

CONTENTS

特別支援学級ハンドブック
子ども主体で考える12か月の学級経営と授業づくり

CHAPTER 1 学級経営・学級事務

- (1-1) 1年間の学級事務を知ろう ……………… 12
- (1-2) 12か月の学級経営のポイント ……………… 20
- (1-3) 特別の教育課程のポイント ……………… 28
- (1-4) 教育課程の編成例を見てみよう ……………… 30
- (1-5) 年間指導計画のポイント ……………… 32
- (1-6) 学校教育目標との関係を知ろう ……………… 36
- (1-7) 個別の教育支援計画のポイント ……………… 38
- (1-8) 個別の指導計画のポイント ……………… 40
- (1-9) 交流及び共同学習のポイント ……………… 42
- (1-10) 通知表の作成と評価のポイント ……………… 46
- (1-11) 時間割表の作成のポイント ……………… 48
- (1-12) 教室環境のポイント ……………… 56
- (1-13) 環境調整のポイント ……………… 62
- Column 支援ってなんだろう ……………… 70

CHAPTER 2

実態把握と連携

(2-1) 実態把握のポイント 72

(2-2) 強みリストをつくろう 76

(2-3) チームで多角的な視点をもとう 80

(Q&A1) こだわりが強くて活動の切り替えが
難しい子どもがいます。 82

(Q&A2) 全体指示を聞くのが難しい子どもがいます。 83

(Q&A3) イライラすると、ものを投げたり、
教師を叩いたりする子どもがいます。 84

(Q&A4) 文字に興味が出てきて、少しずつ読めるように
なってきた子どもがいます。
でも書くことができません。 85

(2-4) 通常の学級との連携ポイント 86

(2-5) 授業中の選択肢を増やそう 88

(2-6) 日々の連携ポイント 90

(2-7) 保護者との連携ポイント 96

Column 先生、もっとわかりやすく教えてよ 106

CHAPTER 3

CASE 授業づくり

(3-1) 自立活動の授業づくり ········· 108

(3-2) 日常生活の指導の授業づくり ········· 120

(3-3) 生活単元学習の授業づくり ········· 128

(3-4) 遊びの指導の授業づくり ········· 136

(3-5) 作業学習の授業づくり ········· 144

(3-6) 国語科の授業づくり ········· 154

(3-7) 社会科の授業づくり ········· 160

(3-8) 算数科の授業づくり ········· 166

(3-9) 理科の授業づくり ········· 174

(3-10) 生活科の授業づくり ········· 180

(3-11) 音楽科の授業づくり ········· 186

(3-12) 図画工作科の授業づくり ········· 192

(3-13) 家庭科の授業づくり ········· 200

(3-14) 体育科の授業づくり ········· 206

(3-15) 道徳科の授業づくり ········· 212

(3-16) 特別活動の授業づくり ········· 218

(3-17) 総合的な学習の時間の授業づくり ········· 224

(3-18) 外国語活動の授業づくり ········· 230

(3-19) 外国語科の授業づくり ········· 236

(3-20) 子ども達がワクワク！ ドキドキ！
夢中になった手作り教材！ ········· 242

書き込み式ワークのダウンロードについて

本文中に ▼DL のマークがある以下のワークは、下記の URL または右記の二次元コードよりダウンロードいただけます。

https://www.socym.co.jp/book/1502

ワーク名	所在頁
春休みやることリスト	P.13 ～ 15
1学期やることリスト	P.16 ～ 17
2学期やることリスト	P.18
3学期やることリスト	P.19
個別の生活上の課題メモ	P.23
作品整理計画	P.25
引き継ぎにいかせるシート	P.27
年間指導計画作成例	P.34 ～ 35
週予定表	P.44
教育課程一覧表	P.50 ～ 51
交流学習一覧表	P.52 ～ 53
基本の時間割表	P.55
教室レイアウト・ロッカーレイアウト	P.61
3つの環境で実態把握メモ	P.65
背景要因を考えるメモ	P.75
強みリスト	P.78 ～ 79
連絡帳①	P.98
連絡帳②	P.99
面談シート・アンケート	P.101 ～ 103
年間スケジュール表	P.105
日常生活チェックリスト	P.121
課題分析シート	P.122

※上記のほか、授業づくりのワークもダウンロードできます。

CHAPTER

1

学級経営・学級事務

本章では、4月から3月までの年間を通した学級経営・
学級事務について解説しています。それぞれの解説を読
んだあとに、ご自身の考えや計画を書き込むことができ
るリストやワークを用意しました。「自分専用のハンド
ブック」として、目の前の子ども達を想像しながらご活
用ください。

CHAPTER 1-1

1年間の学級事務を知ろう

特別支援学級の担任としての新年度がスタートします。年間の学級事務について見通しをもちましょう。

　小・中学校に設置されている特別支援学級では、子ども達一人ひとりにきめ細やかな指導・支援を行うために「特別な教育課程の編成」をします。そのため、個別の教育支援計画や個別の指導計画など、特別支援教育に欠かすことのできない重要な業務を進めていく必要があります。

　学級事務の見通しをもっておくことで、タスク管理がしやすくなり、作成漏れや配布漏れを防ぐことができます。学級事務のポイントは、コツコツ少しずつ進めていくことです。放課後の児童生徒への生徒指導、保護者からの相談など、予定していなかった対応が急に入ってくることが多々あります。そのため、管理職や学年全体で、学級事務の提出期限等の確認をしながら、コツコツ進めていきましょう。

　また、特別支援学級は、「連続性のある多様な学びの場の一つである」という認識を大切に、共生社会を目指して学校全体や学年全体との交流及び共同学習を推進していきましょう。そのため、自分が担任する学級だけではなく、交流学級や学校全体を意識して進めていくことが重要です。

〈春休みの学級事務　入学式・始業式までにやることリスト① <mark>⬇DL</mark> 〉

やること	期 限	保管場所
☐ 指導要録の準備　※朱肉押印時期など要確認		
☐ 氏名印の準備　　※ゴム印		
☐ 名札の準備　※前年度に配布されていることも		
☐ 出席簿の準備　※学年順・男女混合・50音など		
☐ 健康観察簿の準備　※出席簿と一体のことも		
☐ 歯科検診表の準備　※歯科検診で使用する		
☐ 発育記録カードの準備　※身長・体重など		
☐ 個人タブレット・ID・PW・充電場所の整備		
☐ 学級名簿の整備　※日々の記録用もあると◎		
☐ 引き取り緊急名簿の整備　※避難訓練等で使用		
☐ 家庭連絡カードの整備　※変更点の有無を確認		
☐ 会計簿の整備　※学年で担当を確認		
☐ 集金袋の準備　※現金集金の場合は必要		
☐ 教科書の準備　※人数と冊数を一致させる		
☐ 教師用教科書・指導書の準備		
☐ 日課表の準備		
☐ 学年だより・交流学年の学年だよりの作成		
☐ 学級だより・交流学級の学級だよりの作成		
☐ 交流学級・校内通級一覧表の作成		
☐ 学級事務用品の準備　※使用ルールを確認		
☐ 特別支援教育全体計画の確認		
☐ 特別支援学級年間指導計画の確認		
☐ 備品リストと備品・消耗品の確認		

CHAPTER 1

学級経営・学級事務

〈春休みの学級事務　入学式・始業式までにやることリスト② 📥DL 〉

やること	期限	保管場所
☐ 昨年度分の個別の教育支援計画の確認		
☐ 昨年度分の個別の指導計画の確認		
☐ 今年度分の個別の教育支援計画の型の作成		
☐ 今年度分の個別の指導計画の型の作成		
☐ 各種アセスメントシートの確認		
☐ 下校時間・下校方法の確認		
☐ 通学路・通学方法の確認		
☐ 薬の服用やアレルギー等の確認		
☐ 教室・廊下の入学・進級祝い掲示作成		
☐ 教室環境整備　※ロッカー・机・椅子		
☐ 教室環境整備　※荷物ボックス・フック		
☐ 教室環境整備　※教材庫		
☐ 学級全体の週予定表の作成		
☐ 個別の日課表の作成　※ P.52 参照		
☐ 靴箱、傘立て、給食白衣の整備		
☐ 補助教材の選定		
☐ 教室環境の整備		
☐ 保護者個人面談の計画		
☐ 補助教材の選定		
☐		
☐		
☐		
☐		

※勤務校の実態に合わせて業務を追加しましょう。

〈春休みの学級事務　入学式・始業式までにやることリスト③ 🔻DL 〉

やること	具体例
☐ 交流担任と打ち合わせ	☐ 交流の教科等 ☐ 係や給食当番活動など ☐ 合理的配慮の内容 ☐ 交流学級の週予定表の把握 ☐ 交流学級の学級だよりの把握 ☐ 交流学年の学年だよりの把握
☐ 交流学級の教室整備	☐ 掲示物の掲示スペース ☐ ロッカー・机・椅子の位置 ☐ ☐
☐ 補助教材の選定	☐ 使用するタイミング ☐ 保管場所 ☐
☐ 交流学級名簿の確認	☐ 教室掲示用名簿 ☐ 背の順 ☐ 健康観察簿 ☐ など各学校で作成している名簿には名前を入れることを推奨します。 ※公簿等諸表簿については要確認
☐ 配布物の確認	☐ 保護者向けの手紙 ☐
☐	☐ ☐
☐	☐ ☐
☐	☐ ☐

CHAPTER 1

学級経営・学級事務

〈 1学期の学級事務　毎月のやることリスト① 🔽DL 〉

やること	期 日	保管場所
4 月		
☐ 授業参観・懇談会の計画・内容検討		
☐ 教育課程の編成		
☐ 保護者と個人面談		
☐ 個別の教育支援計画		
☐ 個別の指導計画		
☐ 年間指導計画		
☐ 実態把握のためのアンケート		
☐ 1学期地域交流の計画・準備・実施		
☐		
5 月		
☐ 通知表の検討		
☐ 運動会の計画・実施		
☐ 水泳指導の計画・準備		
☐ 校外学習や社会科見学の計画・実施（通年）		
☐		
6 月		
☐ 水泳指導の実施・片付け		
☐ 自然教室（林間学校）の計画・準備		
☐ 通知表の型の決定		
☐ 就学奨励費等の書類整備（事務員）		
☐		

〈 1学期の学級事務　毎月のやることリスト② DL 〉

やること	期日	保管場所
7月		
☐ 通知表の作成		
☐ 個別の指導計画の学期末評価		
☐ 保護者会の開催		
☐ 1学期の作品整理		
☐ 夏休みの家庭学習・課題の準備		
☐ 自然教室（林間学校）の計画・準備		
☐		
8月		
☐ 個別の指導計画の見直し		
☐ 教室環境の見直し		
☐ 教材研究・教材の作成		
☐ 出張研修や校内研修、自主研修へ参加		
☐ 自然教室（林間学校）の引率		
☐		

夏休みにはどんなことを学びますか？

　子ども達は家庭学習や夏課題に取り組んでいる期間です。

　長期休みにしかできない教材研究・作成、研修会への参加などやりたいことを記入しましょう。ゆっくり休むことも大切です。

〈 2学期の学級事務　毎月のやることリスト 🔻DL 〉

やること	期 日	保管場所
9月		
☐ 夏休みの家庭学習・課題の確認		
☐ 学校行事の計画・準備・実施		
☐ 修学旅行の計画・準備・実施		
☐ 宿泊学習の計画・準備・実施		
☐ 2学期地域交流の計画・準備・実施		
☐		
10月 〜 11月		
☐ 中学校進学に向けた就学相談・体験		
☐ 新一年生の入学に向けた就学相談・体験		
☐ 在校生の次年度に向けた就学相談・体験		
☐ 保護者と個人面談		
☐ 授業参観・懇談会の計画・内容検討		
☐ 個別の指導計画の評価（2期制の場合）		
☐		
12月		
☐ 通知表の作成		
☐ 個別の指導計画の学期末評価		
☐ 2学期の作品整理		
☐ 冬休みの家庭学習・課題の準備		
☐		

〈3学期の学級事務　毎月のやることリスト ⬇DL 〉

やること	期 日	保管場所
1 月		
☐ 冬休みの家庭学習・課題の確認		
☐ 次年度の教育課程編成の準備		
☐ 3学期地域交流の計画・準備・実施		
☐ 卒業関連事務		
☐ 通知表の裏表紙や修了証等の準備		
☐		
2 月 ～ 3 月		
☐ 通知表の作成		
☐ 3学期の作品の整理・児童生徒持ち帰り		
☐ 1年間の指導の評価		
☐ 指導要録の記入・押印		
☐ 次年度への引き継ぎ文章作成		
☐ 次年度の個別の指導計画を作成		
☐ 次年度の学級編成案の提出		
☐		

　地域交流など（小中交流会、買い物学習、レストラン学習など）、子ども達の実態に応じて**教育課程に取り入れたいことを記入しまし**ょう。

CHAPTER 1-2

12か月の学級経営のポイント

特別支援学級の担任として、子ども達の「これまで」「今」「これから」を大切に過ごしましょう。

▶ 年度はじめの学級経営

● 丁寧な実態把握とチームワーク

4月は基盤づくりの時期です。子ども達は、初めての担任・友達・教室・授業との出会いの中で期待と不安が入り混じっています。子ども達が安全・安心に1年間過ごすことができるように「子ども達を理解しようとする姿勢」を忘れずに学級づくりをしましょう。

特別支援学級では、様々な実態（異学年、特別な教育課程等）の子ども達が在籍しています。そのため、一人ひとりの実態把握を丁寧にすることが必要です。その際、担任、学年の担任、交流学級担任、特別支援教育支援員（学習補助員等、自治体によって名称は様々です）などがチームとなり、情報を共有することが大切です。特に、指導目標や支援の方針については、共通理解をしましょう。教職員が笑顔で連携している学校は子ども達の情緒が安定し、成長につながります。

● 学校生活の流れやルールの確認

日課表を教室に掲示するなどして、学校生活の流れを明確にしましょう。新しい交流学級の教室の場所や授業で使用する持ち物など、子ども達がスムーズに生活できるように一つひとつ確認をします。

▶ 学級経営目標を立てよう

　学級経営目標は、12か月間いつも心にあると指導に一貫性が生まれます。子ども達との出会いを通して感じたこと、子ども達に大切にしてほしいことなど、**あなたが学級経営で大切にしたいことを書いてみましょう**。例えば、「毎日楽しく過ごしてほしい」「友達と仲良くしてほしい」「自己肯定感を高めてほしい」など、抽象的でも大丈夫です。どんな子ども達に育ってほしですか？どんな学級になってほしいですか？あなたの心の声に素直に記入してみましょう。

　とてもすてきな言葉です。年度末まで、忘れずに意識していきましょう。次のステップは、**子ども達にわかる言葉で説明をしてみましょう**。「なぜ」「どのように」「どんな」など具体的に書いていくと目標が明確になっていきます。

▶ 1学期の学級経営

● 子ども達の実態把握を生かした学級方針や年間計画

4月には、子ども達とかかわる時間を多く設定したり、学級活動や自立活動で意図的に学級づくりができるように計画をしていきましょう。その際、子ども達の強みや学級の強みが見えてきます。「〜が好き。〜ができる。〜は友達と楽しめる。〜に興味関心がある。」など、子ども達の実態から「強み」を取り入れた学級方針や年間計画を作成していきます。1年間、計画的・継続的に指導・支援を進めていくために必要となります。

● 子ども達の成長と共に柔軟な計画を意識する

4・5月に計画をした年間計画は、必要に応じて柔軟に変更することが可能です。「年度当初に決定したことだから必ずやらなければならない」と頑固になってしまうと、「〜させる。〜やらせる」指導になってしまい、子ども達が主体的に活動する機会を奪ってしまうこともあります。子ども達の成長と共に、時には単元の時数を延長・短縮することが必要かもしれないし、例えば国語の授業の様子によっては、「劇：スイミー」から「夏の動物発表会」へと、単元自体を変更することが効果的なこともあります。

● 保護者との関係づくりと連携

学校について知らないことやわからないことが多くなると不安になってしまいます。保護者会の開催、個人面談の実施、電話・連絡帳・メールなどを通して学校の様子を見える化できるように意識していきましょう。学校生活や学習では、子ども達ができない・難しいといったネガティブなワードよりも、「〈目標〉を達成できるように〈指導・支援〉すれば〈学習・生活〉できる」といったポジティブなワードを意識して使うようにしましょう。

▶ 個別の生活上の課題を整理しよう ⬛DL

　1学期が終わり、子ども達との信頼関係が徐々に構築されてきた時期です。生活上の課題が少しずつ明確になってきたのではないでしょうか？同時に、子ども達の好きなことや得意なことなどの「強み」を把握できたと思います。2学期から重点的に指導・支援していきたい内容を個別に整理していきましょう。

氏名	生活上の課題 ➡ 目標	取り入れたい強み
どり 太郎	チャイムが鳴るとパニックになる→教師と落ち着くことができる	● 光タイマーが理解できる ● 短時間であればイヤーマフが使用できる

▶ 2学期の学級経営

● 「生活リズムの調整」と「できること」からスタート

　長期休みが終わり、久しぶりに学校へ登校してくる子ども達は、「もっと休みたかった子」「早く友達に会いたかった子」など様々な心情があります。特に気をつけたいのが、生活リズムです。

　家庭によって就寝時間や起床時間が異なるため、2学期の始業式の日に久しぶりに早起きをした子もいます。そのため疲れやすくなっていたり、集中の持続が難しかったりします。授業時間を分割したり、体を動かす活動を取り入れたりするなど、生活リズムの調整を進めていきましょう。

　また、学習場面では、久しぶりに鉛筆を持って文字を書く子や久しぶりに文章を読む子もいます。指導したことが振り出しに戻ってしまうようで焦ってしまうかもしれませんが、「1学期に教えたよね?」「忘れちゃったの?」などという声かけではなく「できることから進めてみよう」「先生と一緒に書いてみようか」など、子ども達のできること・できる方法を意識し、成功体験を積み重ねられるように進めていきましょう。

● 作品展や交流会などの行事を計画・開催

　2学期は夏から秋、秋から冬へと季節が移り変わっていきます。自然を取り入れた学習や校外学習にも出かけやすい時期です。子ども達と一緒に作品展や他校との交流会などを企画していきましょう。何事もスモールステップで進めていくことが大切です。作品展を開催するのであれば、まずは教室に展示して、校長や交流担任などを招待して鑑賞してもらう、その後、昇降口前の廊下に展示して校内の児童生徒に鑑賞してもらうというように、徐々に活動をステップアップしていき、子ども達の自信を積み重ねていけることが望ましいです。

▶ 作品を整理整頓して次年度につなげよう ⬇DL

　1学期から2学期にかけて、季節の制作や行事の振り返り、絵画など、子ども達のたくさんの作品が集まったと思います。冬休みに作品を整理整頓しておくと3学期末がスムーズになります。また、来年度以降、今年を振り返る記録となりますので、単元名だけでも時系列に記録をしておくことを推奨します。

月	単元名・作品名	教科・技法 等
4 月		
5 月		
6 月		
7 月		
8 月		
9 月		
10 月		
11 月		
12 月		
1 月		
2 月		
3 月		

▶ 3学期～年度末の学級経営

● 日本の伝統や文化を感じる

　冬休み～3学期には、大掃除、大晦日、お正月、書き初め、節分、ひなまつりなど日本の伝統や文化を感じることができます。お正月に関連した学習では、カルタ大会や羽子板やこま回しなどのお正月遊びを取り入れてみましょう。また、1年間共に過ごしてきた学級の仲間と一緒に活動すること、少人数・ペアといった他者とかかわることなど、様々な形態で学べるように計画することも大切です。

● 卒業や進級に向けて

　1学期から安全・安心な学級経営を進めることを心がけていると、子ども達の中に帰属意識が生まれ、自己有用感が高まります。中には「ずっとこのクラスがいい」と寂しい気持ちでいっぱいになる子もいると思います。そうした思いを丁寧に受容し、共感し、前向きに卒業・進級できるようにしましょう。進学先の中学校に体験学習に行ったり、小中交流会を開催したり、「目で見て・耳で聞いて・心で感じて」見通しをもてるようにすることが大切です。また、卒業・進級に向けて、自分や友達をお祝いする気持ちを大切にできるよう、壁面制作などを通して空間的環境を整えていきましょう。

● 次年度に向けた教育課程や個別の指導計画の作成

　次年度に向けて教育課程を作成していきます。「例年通りでいいよね」「特に変更なしで、来年も同じことをやりましょう」など、子ども達の実態に合わない計画は、マイナスな影響を及ぼしてしまうかもしれません。今年度に達成した目標からステップアップできるように、学級の実態、児童生徒の実態を的確に捉えて評価・計画を進めていきましょう。

▶ 情報をまとめてスムーズに引き継ごう ⬇DL

　春休みは、情報をまとめておくことで次年度への引き継ぎをスムーズにできるようにします。例えば、指導要録は事務室の防火書庫、集金袋は校長室の金庫のように、P.13の学級事務を参考に情報をまとめていきましょう。パソコンにデータ保存している場合は、フォルダの場所を記録しておくと作業がスムーズになります。また、指導書セットや算数教材セットなど、各学級に配布されている教材についても保管場所をまとめておくと新年度がスムーズになります。

書類・教材名	保管場所	備考
（例）指導書セット	多目的室	次年度に第6学年分を購入してもらう
指導要録		
個別の教育支援計画		
個別の指導計画		
算数教材セット		
体育教材セット		

CHAPTER 1-3

特別の教育課程のポイント

特別支援学級では、個別に特別の教育課程を編成することに
なります。

▶ 特別支援学級の教育課程を知ろう

　特別支援学級の設置に関する法令上の規定を見てみましょう。設
置できる校種は、小学校、中学校、高等学校、中等教育学校があり
ます。対象となる障害は、知的障害、肢体不自由、身体虚弱、弱視、
難聴、その他障害のある者で特別支援学級において教育を行うこと
が適当なものとされています。※自閉症情緒障害特別支援学級につ
いてはその他の設置区分に当てはまります。

▶ 特別の教育課程とは？

　特別支援学級の教育課程について、学校教育法施行規則第138条
では、小学校若しくは中学校又は中等教育学校の前期課程における
特別支援学級に係る教育課程については、特に必要がある場合には、
第50条第1項、第51条及び第52条の規定並びに第72条から第74
条までの規定にかかわらず、特別の教育課程によることができると
されています。なお、この場合も、学校教育法に定める小学校及び
中学校の目的及び目標を達成することとされています。

では、具体的に特別の教育課程とはどのような教育課程でしょうか？小学校学習指導要領第一章総則には、以下のように記されています。

> 「障害による学習上又は生活上の困難を克服し自立を図るため、特別支援学校小学部・中学部学習指導要領第7章に示す自立活動を取り入れること」

> 「児童の障害の程度や学級の実態等を考慮の上、各教科の目標や内容を下学年の教科の目標や内容に替えたり、各教科を、知的障害者である児童に対する教育を行う特別支援学校の各教科に替えたりするなどして、実態に応じた教育課程を編成すること」

※小学校学習指導要領（平成29年告示）総則より引用

　特別の教育課程については個別に作成します。自立活動が中心となる教育課程もあれば、各教科については特別支援学校の内容を取り扱う教育課程もあります。本人や保護者、学校全体でチームとなり、丁寧な実態把握と個別の指導計画の作成が必要となります。

▶ 特別支援学級の学級編成

　一つの特別支援学級に在籍する児童の定数は8名となっています。異学年で構成されることが多く、学習進度や生活上の課題などの実態は様々です。子ども達の実態に合わせて学習ペアやグループ編成、個別学習を設定するなど、単元や内容ごとに授業づくりが必要となります。

CHAPTER 1-4

教育課程の編成例を見てみよう

教育課程は個別に作成することを忘れずに、「知的障害なし」と「知的障害あり」の教育課程を見てみましょう。

▶ 教育課程編成の5つのポイント

　小学校特別支援学級を例にして、教育課程の編成について「知的障害なし」と「知的障害あり」の教育課程にわけて考えます。教育課程を編成する際には、①自立活動②下学年の各教科の有無③知的障害特別支援学校の各教科の有無④各教科等を合わせた指導の実施の有無⑤交流及び共同学習、の5点について確認をします。児童生徒一人ずつに教育課程が存在することを忘れないようにしましょう。

▶ 小学校特別支援学級（知的障害なし）の教育課程編成（例）

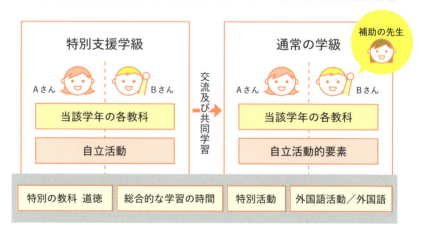

▶ 小学校特別支援学級（知的障害あり）の教育課程編成（例）

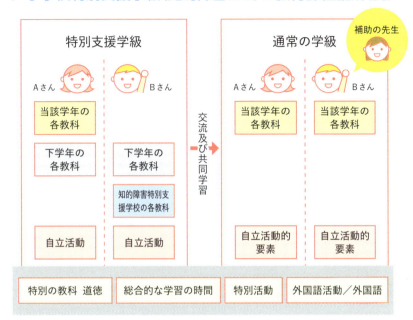

▶ 特別支援学級（知的障害）教育課程

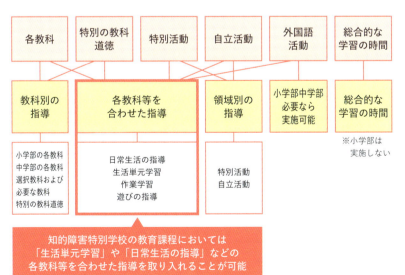

CHAPTER 1-5

年間指導計画のポイント

学校の実態を踏まえながら、学級の実態に応じた年間指導計画を作成しましょう。

▶ 特別支援学級の年間指導計画を作成しよう

　特別支援学級では、各教科、特別活動、総合的な学習の時間、自立活動の計画が必要となります。そこに加えて、知的障害特別支援学級（他種別の学級であっても児童生徒の実態に応じて）では、各教科等を合わせた指導（日常生活の指導や生活単元学習など）を実施する場合が多いです。さらに、宿泊学習など特別支援学級独自の行事を設定している場合には、それに関連する指導や行事の記載も必要になってきます。そして、交流及び共同学習の計画も加えていくと膨大な情報量になっていきます。通常の学級の年間指導計画を参考にしながら、1年間の指導の元となる計画を立てましょう。

> 学校年間行事予定表と交流する通常の学級の年間指導計画を確認
>
> ▼
>
> 各教科等を合わせた指導や特別支援学級独自の行事を検討
>
> ▼
>
> 障害種別ごとに作成？学級ごとに作成？児童生徒ごとに作成？など作成する様式を管理職や教育委員会と確認してから特別支援学級の年間指導計画の作成を開始

実際に作成をするときには、下記の6点を意識して作成を進めてみましょう。

①子ども達の実態把握、学級の実態把握を丁寧に行う。
②学校や学年、特別支援学級の行事等を考慮する。
③個別指導やグループ指導などの指導方法や指導形態等（日常生活の指導や生活単元学習等）を考慮する。
④各教科等の関連性・系統性・順序性などを考慮する。
⑤各教科等の指導計画の記入については、特別支援学級全体の計画である（障害種別ごとに作成する場合もある）ことを忘れないようにする。「※個別の教育支援計画や個別の指導計画に基づき、児童の発達段階・学習進度に応じて学習を進める」などの文言を入れるとシンプルで見やすくなります。
⑥年間指導計画を基として、各教科等の学期ごとの指導計画や単元ごとの計画を作成し、月案（月ごとの指導計画）や週案（週ごとの指導計画）、そして日案（1日の指導計画）へとつなげていく。

作成しているときに、どんな単元を入れようか……と悩んだときには、将来の自立と社会参加を目指す上で、日常生活や学校生活・社会生活につながるように計画をしていきましょう。子ども達の強み（興味関心、得意なこと、好きな教材など）を取り入れていくことで、自発的・主体的な活動を計画することができます。異なる学年の子ども達が在籍することが想定されるので、生活単元学習などでは、一人ひとりが役割をもち、自分の存在意義を感じること、そして充実感や達成感を味わいながら自己肯定感や自己有用感を高めていけるように計画をしてみましょう。

〈例：小学校知的障害特別支援学級 ひまわり学級１組 年間指導計画 **⬇DL** 〉

月		4 月	5 月	6 月	7 月	8 月
学校行事						
交流学年行事						
特別支援学級行事						
自立活動						
各教科等を合わせた指導	日常生活の指導					
	生活単元学習					
教科別の指導	国語					
	算数					
	音楽					
	図画工作					
	体育					
道徳						
外国語活動						
総合的な学習の時間						
特別活動						

※特典をダウンロードすると作成例を見ることができます。

9月	10月	11月	12月	1月	2月	3月	備考

CHAPTER 1-6

学校教育目標との関係を知ろう

学校の教育目標と特別支援学級の教育目標などを確認しましょう。

▶ 学校で目指す姿を共有しよう

「学級経営」と聞くと、自身の学級のことが一番に浮かんでくる先生はとても素晴らしいです。自身の学級方針を大切にしつつも、常に目の前の子ども達を最優先に考えて指導する姿勢を忘れないようにしましょう。それと同時に、学校の教育目標や指導の重点項目を把握しておきましょう。学校に勤務する教職員がチームとなって教育・支援に向かうことで、よりよい教育効果を発揮することができます。次ページの図に、学校の教育目標から個別の指導計画等へとつながる関係図を示しました。勤務校の学校教育目標を書き出してみましょう。

◆ 勤務校の学校の教育目標・基本方針を書いてみよう

◆ 担任する学級の教育目標を書いてみよう

36

〈学校の教育目標と特別支援学級における教育目標等の関係の図式化の例〉

CHAPTER 1-7

個別の教育支援計画のポイント

学校の実態を踏まえながら、子どもの実態に応じた個別の教育支援計画を作成しましょう。

▶ 個別の教育支援計画を作成しよう

個別の教育支援計画

ふ り が な		性 別	生 年 月 日		㊙
本 人 氏 名					
ふ り が な		住 所			
保 護 者 等 氏 名		電 話 番 号			
対 象 期 間	令和 年 月 日（ ）から令和 年 月 日（ ）まで3年間				
作 成 年 度	学 校 名	校 長 名	学 部・学 年・組	記 入 者 名	
1					
2					
3					

教 育 的 ニ ー ズ	
（ 追 加 ）	
本 人 の 願 い 保 護 者 の 願 い	
合 理 的 配 慮 の 実 施 内 容	同意書の作成の有無（ 有・無 ）
（ 追 加 ）	

		目標・施設名等	支 援 内 容	評 価
教育機関の支援	所 属 校			
	（ 追 加 ）			
	就 学 支 援 委 員 会 の 助 言 内 容			
	（ 追 加 ）			
	支 援 籍、交 流 及 び 共 同 学 習			
	（ 追 加 ）			

		施設名等	支 援 内 容	
関係機関の支援	医 療 機 関 保 健 機 関 等			
	（ 追 加 ）			
	福 祉 施 設 労 働 関 係 等			
	（ 追 加 ）			
	家 庭・地 域			
	（ 追 加 ）			

本人のプロフィール	困 難 さ		
	これまでの指導の支援内容	＜生育歴・療育歴・教育歴＞	
		＜相談歴・諸検査＞	
		＜その他＞	

※都道府県や市区町村ごとに指定の書式があります。そちらをご確認ください。

個別の教育支援計画は、特別支援学校、特別支援学級、通級による指導で学ぶ子ども達全員について作成することが義務付けられています。子ども達の生涯を通して、連続性・系統性・一貫性のある支援を継続的に提供することができるように、支援をつないでいくツールとして効果的に活用されます。

個別の教育支援計画の活用を進める上で意識したいこと

❶ 個人情報の管理

住所や氏名、診断名や検査結果など、多くの個人情報が記載された書類となります。保管しておく場所や管理方法などをマニュアル化して厳重・慎重に取り扱いましょう。

❷ 保護者（&本人）との合意形成

学校や病院、放課後等デイサービスなどの関係機関、さらに卒業後の進学先や就職先に引き継いでいくことが想定されます。そのため、保護者（実態に応じて本人も）の同意を得ることが重要です。

❸ 個別の指導計画との関連性

個別の指導計画（1-8参照）を作成する際には、個別の教育支援計画を踏まえて作成することになります。記載する内容が重複する場合もありますが、関連性を忘れずに作成をしていきましょう。

※個別の教育支援計画・個別の指導計画・通知表・指導要録それぞれに共通する内容は、紙であれば付箋を貼ったり、Excelであればリンク設定したりすると効率よく作成することができます。

❹ 定期的な評価・更新

年度当初に作成して終わりとならないように活用を意識しましょう。評価・個人面談の時期を設定して保護者との情報共有を大切にしましょう。

CHAPTER 1-8

個別の指導計画のポイント

学校の実態を踏まえながら、子どもの実態に応じた個別の指導計画を作成しましょう。

▶ 個別の指導計画を作成しよう

年　　　組　　　氏名

	計　画		評　価		
教科等	学期の 指導目標	指導内容 指導方法 手だて 等	指導の経過	評価	次学期に 向けて
日常生活の指導					
生活単元学習					
自立活動					
国語					
算数					
音楽					
図画工作					
体育					
道徳					
特別活動					

※都道府県や市区町村ごとに指定の書式があります。そちらをご確認ください。

個別の指導計画については、学校が主体となって作成を進めていきます。個別の教育支援計画と同様に、特別支援学校、特別支援学級、通級による指導で学ぶ子ども達全員について作成することが義務付けられています。各教科等の目標設定をする際には、当該学年→下学年→知的障害特別支援学校小学部の順に、目標及び内容の取り扱いを検討していきましょう。

個別の指導計画の活用を進める上で意識したいこと

❶ 自立活動の計画は流れ図を意識して作成する

　1.実態把握→2.指導目標→3.指導内容の流れを意識して作成をすると、より子ども達の実態に応じた計画を作成することができます。この3ステップ（※）は、他の教科でも応用できます。いつでも実態把握を一番に考えましょう。特別支援学校学習指導要領自立活動編では、個別の指導計画と自立活動が関連付けて流れ図として記されています。

❷ 子ども達の強みを取り入れる

　自立活動と同様に、各教科においても、子ども達の強みを活かして計画を進めることが大切です。「数の概念がわかる」「カラフルな色が好き」「授業の途中で身体を動かす時間を設定すると集中が持続する」など、子ども達の強みを最大限に取り入れていきましょう。

❸ 学習状況や支援は具体的に前向きな表現で記載する

　学習状況を記入するときには「〜が理解できる」「〜な状況だと説明することができる」、支援を記入するときには「〜することで〜できるようにする」など、具体的で前向きな表現で書くことで、実際の場面でもかかわる人の言動に活かすことができます。

※3ステップについてもっと学びたい人は『学校種別の事例でポイントがわかる！ 特別支援教育「自立活動」の授業づくり』（ソシム）を参照ください。

CHAPTER 1-9

交流及び共同学習のポイント

インクルーシブ教育の実現に向けて交流及び共同学習を充実させていくことが重要です。

▶ 交流及び共同学習の理解を深めよう

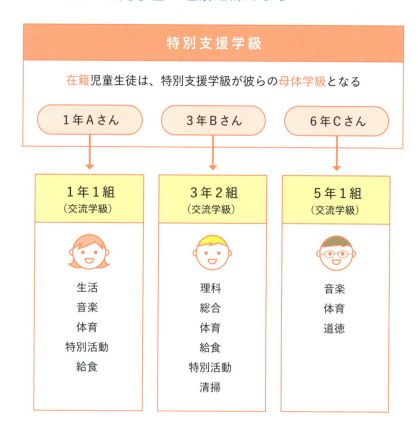

42

特別支援学級内だけでなく学校・学年・学級の一員として、同じ学年の子ども達と共に活動をすることで、共生社会の実現を目指します。そのために特別支援学級に在籍している全員の子どもには、1年1組など、通常の学級（以下、交流学級と表記 ※親学級、主学級など様々な名称あり）を割り当てて交流を行っていきます。

　交流及び共同学習には、相互の触れ合いを通じて豊かな人間性を育むことを目的とする交流の側面と、教科等のねらいの達成を目的とする共同学習の側面があり、その両方が活動の中に溶け合うように実施されていくことが大切です。

　次ページには、交流及び共同学習の計画の例を示しました。特別支援学級から通常の学級へ、通常の学級から特別支援学級へ（特別支援学級の弾力的な運用など）、どちらもインクルーシブ教育には欠かせません。地域の子どもの一員として区別・差別・特別視することなく、連続性のある多様な学びの場と個別最適な学びを意識していきましょう。

交流及び共同学習を進める上で意識したいこと

①学習に参加している本人の、授業に参加している充実感や満足感を大切にする。

②子ども達が特別支援学級と交流学級のどちらも自分の学級であるという意識がもてるようにする。

③交流学級の担任は、自分の学級の一員だという意識をもつ。

④特別支援学級担任は、校内すべての子ども達とかかわっているという意識をもつ。

⑤学校全体で教室環境の整備や計画の作成を組織的に行う。

⑥担任と交流担任、特別支援教育コーディネーター等で定期的に振り返りや評価を行う。

〈在籍児童の交流及び共同学習の例 🔻DL 〉

特別支援学級　　○月○週目　週予定表

	児童	月	火	水	木	金
1時間目	全員	日常生活の指導 （朝の会・日課表・のびのび体操・今月の歌 など）				
			1年Aさん Bさん 学年集会			6年Eさん 音楽 （交流学級）
2時間目	1年Aさん	生活 （交流学級）	生活単元学習	体育 （交流学級）	算数	国語
	1年Bさん	音楽 （交流学級）		国語	算数	国語
	3年Cさん	体育 （交流学級）		国語	理科 （交流学級）	社会 （交流学級）
	6年Dさん	自立活動		国語	音楽 （交流学級）	国語
	6年Eさん	理科 （交流学級）		体育 （交流学級）	算数	国語
6時間目	1年Aさん	下校	下校	下校	下校	下校
	1年Bさん	下校	下校	下校	下校	下校
	3年Cさん	社会 （交流学級）	外国語活動 （交流学級）	下校	自立活動	下校
	6年Dさん	国語	算数	クラブ （交流学級）	総合 （交流学級）	社会
	6年Eさん	国語	算数	クラブ （交流学級）	学活 （交流学級）	社会

〈特別支援学級の弾力的運用の例〉

6年1組 Fさん 　　○月○週目　週予定表

	月	火	水	木	金
1時間目	外国語	理科	国語	外国語	図工
2時間目	国語	国語	家庭	算数	図工
3時間目	社会	学活	算数	社会	算数
4時間目	算数	算数	体育	家庭	国語
5時間目	道徳	国語	理科	体育	社会
6時間目	委員会クラブ	音楽	総合	音楽	理科

特別支援学級で
少人数学習

特別支援教育コーディネーターと個別学習

学年の取り組み
習熟度別グループ学習

通常の学級から特別支援学級へ行き学習をしている事例です。
学校によって特別支援学級の弾力的運用を行うことで個に応じた
指導の充実を目指している実践もあります。

CHAPTER
1-10

通知表の作成と評価のポイント

通知表は、子ども達の次への成長や励みになる文言を意識して作成しましょう。

▶ 特別支援学級の通知表を作成しよう

通知表は、指導要録などの公簿としての位置付けではありません。そのため、作成は必須ではありません。学校長の責任のもと、学校ごとに様式を決定しています。

記入する項目は、取り扱っている教育課程の内容に、生活の記録や総合所見を記載するのが一般的です。記入方法としては、文章のみでの評価、評価基準に基づいた段階評価、文章評価と段階評価を合わせた評価など、多岐にわたります。

▶ 子ども達の励みになる通知表を作成しよう

通知表を子ども達に渡す際には、一人ひとりの励みになるように作成をしましょう。これは、甘く評価をするということではなく、取り組んだ意欲や姿勢・プロセス・結果などを認める言葉、褒める言葉など、次につながる評価ができるようにしましょう。

通知表の作成を進める上で意識したいこと

①専門用語や教育業界用語を使用せず、わかりやすい言葉で表現する。

②保護者向けの記載 or 子ども向けの記載、学校全体でどちらに統一しているのかを確認する。

③学習については、取り組んでいる様子や努力した様子、子どもの成長・変容などについて具体的に記載をする。

　通知表に文章の記載欄がない場合には、個別の指導計画や連絡帳、個人面談などで伝えることができるようにする。

④生活については、友達とのかかわりや学級の一員としての活動など、豊かな人間性にかかわる様子を記載する。

⑤できないこと、難しいことを記載するのではなく、「〜が難しい時には、〜するとできる」のように、前向きな表現を意識する。前向きな表現で具体的に記載をすると、保護者と共通理解しながら指導・支援ができる。

〈通知表作成ステップ〉

一人ひとりの各教科等の指導目標は決まっていますか？
（※当該学年・下学年・知的障害特別支援学校の教育課程）

▼

各教科等の評価方法は決まっていますか？
（※段階・段階と所見・所見など）

▼

評価する担当者は決まっていますか？
（※特別支援学級担任・交流学級担任・専科担当など）

時間割表の作成のポイント

学校全体で作成する意識を大切にして、教職員で連携をして作成しましょう。

▶ ①時間割表を作成しよう

　時間割表を作成する際には、教務主任や交流学級担任、学年の担任と一緒に作成することになります。連携をすることが大切ですので、4月1週目は声をかけ合って作成していきましょう。

　作成のポイントとしては、全体→学年→学級で考えていくことです。定期的な全校集会や学年集会の有無、特別支援学級全体で集まる指導形態の有無（生活単元学習や体育、図画工作などで集団で学習を進めるなど）、2学級合同学習の有無（3組と4組で合同で音楽をするなど）、学級の全員で集まる時間の確保など、大きい集団から考えていくとスムーズに作成できます。また、各教科等を合わせた指導を行う場合や自立活動の時間における指導を行う場合には、週あたりの時数を決めておきましょう。

特別支援学級の年度はじめの時間割作成の手順例

❶ 特別教室の割り当てを相談・確認する（年度はじめ）

　音楽室や体育館など、特別教室の割り当てを確認します。特別支援学級だけに割り当てがない場合には、生活リズムを考慮しながら検討し、割り当てに入れてもらいましょう。

❷ 教育課程を一覧にする（年度はじめ）

　在籍する子ども達の全員の教育課程が異なります。そのため、子ども達の教育課程を一覧にすることで、教科や週あたりの授業時数などを確認できるようにします。

❸ 交流及び共同学習の予定を確認する（年度はじめ）

　交流及び共同学習の教科等が決定したら、交流学級の週予定表を確認しながら特別支援学級にいる時間と、交流学級にいる時間を明確にしていきましょう。

❹ 基本の時間割表を作成する（年度はじめ）

　在籍している全員分の予定表を確認しながら、1枚の時間割表にまとめていきます。まずは、時間ごとに特別支援学級で学習する子どもの氏名を書きます。その後、教科等を決めていきます。

※この段階で、特別支援学級の弾力的運用や校内通級で特別支援学級で学ぶ児童がいる場合には、その旨を記載していきます。

❺ 週予定表を作成する（通年）

　交流学級からは、毎週木曜日の昼までに週予定表をもらう。木曜日の放課後に特別支援学級の週予定表を作成するなど、あらかじめ連携のリズムを決めておきましょう。

▶ ②教育課程を一覧にしてみよう ⬇DL

　記入する際には、指導目標となる学年と簡単な指導内容のメモを書き出してみましょう。

　交流学習→教科名（交）、学年全体→学全、個別学習→個、などわかりやすい表記にしましょう。

※拡大版はダウンロードできます。

学年	氏名	自立活動	日常生活の指導	生活単元学習	国語	社会	算数	理科
年								
年								
年								
年								
年								
年								
年								
年								

教育課程を一覧にすると「AさんとBさんは国語は同じ時間帯がいいな」「3年生が交流に行くから、他の学年は算数を進めよう」など学習の計画が立てやすくなります。一覧にすることで教師同士の共通理解もスムーズになります。

生活	音楽	図工	家庭	体育	道徳	特活	総合	外国語活動	外国語	

▶ ③交流学習の予定を確認してみよう ⬇DL

※拡大版はダウンロードできます。

年　　組　氏名

	月	火	水	木	金
	朝の会				
1					
2					
	休み時間				
3					
4					
	給食・清掃・休み時間				
5					
6					
	帰りの会				

年　　組　氏名

	月	火	水	木	金
	朝の会				
1					
2					
	休み時間				
3					
4					
	給食・清掃・休み時間				
5					
6					
	帰りの会				

年　　組　氏名

	月	火	水	木	金
	朝の会				
1					
2					
	休み時間				
3					
4					
	給食・清掃・休み時間				
5					
6					
	帰りの会				

年　　組　氏名

	月	火	水	木	金
	朝の会				
1					
2					
	休み時間				
3					
4					
	給食・清掃・休み時間				
5					
6					
	帰りの会				

①全員分の交流学級の日課表（時間割表）をもらう。

②「交流は赤」「個別学習は青」などルールを決めて記入する。

③交流担任と確認し、必要に応じて時間割を調整してもらう。

年　　組　氏名

	月	火	水	木	金
	朝の会				
1					
2					
	休み時間				
3					
4					
	給食・清掃・休み時間				
5					
6					
	帰りの会				

年　　組　氏名

	月	火	水	木	金
	朝の会				
1					
2					
	休み時間				
3					
4					
	給食・清掃・休み時間				
5					
6					
	帰りの会				

年　　組　氏名

	月	火	水	木	金
	朝の会				
1					
2					
	休み時間				
3					
4					
	給食・清掃・休み時間				
5					
6					
	帰りの会				

年　　組　氏名

	月	火	水	木	金
	朝の会				
1					
2					
	休み時間				
3					
4					
	給食・清掃・休み時間				
5					
6					
	帰りの会				

CHAPTER 1
学級経営・学級事務

▶ ④基本の時間割を作成してみよう 📥DL

　時間割を作成する際に大切なのは、子ども達を中心に考えることです。特別教室を使用できる曜日は、あらかじめ決まっていることが多いため、すべてを子ども達に合わせて作成することは難しいですが、生活・学習がスムーズになるように考えていきましょう。

- [ ] 学校生活のリズムを大切にしましょう
   日常生活の指導など継続的に指導をする活動は、帯状に計画をすると効果的です。
- [ ] 生活単元学習や作業学習、図画工作など、2単位時間続けて学習することで活動しやすくなります。
- [ ] 毎週に配布する週予定表を作成する際には、子ども達がわかりやすい言葉で記入をします。(算数→さんすう、自立活動→ぐんぐんタイムなど)
- [ ] 学年によって下校時間が違うことが想定されます。週予定表を学年ごとに作成するか、個人ごとに作成するか、1枚にまとめて作成するか、学年の先生と相談をして決定しましょう。
   ※週予定表にはあえて記載せず、学校で全学年下校時刻一覧表などを作成し配布すると効率的です。
- [ ] 週予定表を家庭用に配布する時には、特別支援学級と交流学級の両方の週予定表を配布しましょう。
- [ ] 授業の中で学級の全員が集まる時間を設定することが難しい場合には、休み時間などで集まれる時間を設定すると学級としてのまとまりが生まれます。

次の時間割に、いつ・誰が教室にいるか、名前を書き込んでみましょう。

	月	火	水	木	金
	朝の会				
1					
2					
	休み時間				
3					
4					
	給食・清掃・休み時間				
5					
6					
	帰りの会				

CHAPTER
1-12

教室環境のポイント

私達が導く線「導線」と実際の子ども達の動き「動線」を意識
しましょう。

▶ 心地よい空間づくりを目指す

　教室環境を設定する際は、①導線・動線②子ども達という集団③
実態に合わせた配慮④生活年齢の反映⑤自分でできる環境づくり、
の５つの視点が大切です。子ども達をイメージしながら教室環境を
整えていきましょう。初任者の先生など、まだ子ども達に出会って
いない場合は、４月下旬頃までに整えることができるように最低限
の教室環境を設定して心地よい空間づくりを目指していきましょ
う。

① 導線・動線

　本書では、学級づくりや授業づくりを計画する段階で、教師が意
図して子ども達の動きを考えることを「導線」、実際の生活場面や
学習場面の子どもの動きを「動線」と定義します。環境設定の段階
では、子ども達の動きをイメージすることが大切です。スムーズに
移動することができるように座席の位置などに配慮します。子ども
達との実際の学校生活が始まると、子ども達の動線が見えてきます。
学習道具や共有する道具、提出場所や座席配置など、子ども達が困
っていないかを観察します。同時に、子ども達と相談して、環境調

整することが大切です。「どこに置いたら使いやすいかな？」「黒板の前に予定表があると集中しづらくなるかな？」など、寄り添った相談をしましょう。

　1年間、子ども達はどんどん成長していきます。子ども達の成長に合わせて教室環境をアップデートしていくことが望ましいです。

② 子ども達という集団

　特別支援学級には、最大で8名の子どもが在籍します。特別支援学級の弾力的運用（校内通級システムや少人数学習など自治体によって名称は様々です）を活用し、通常学級から特別支援学級へ学びに来る子がいる際は、10名程度で授業をすることも想定されます。子ども達一人ひとりの実態を丁寧に把握して座席の位置を決めることが大切です。まずは、安心してその場にいられること、次に活動に参加できること、そして、学習に集中できるように意識して座席配置等を考えていきましょう。教室の中の余白スペースがなくなると、子ども達同士がぶつかってしまったり、隣の子の声がうるさくて集中できなかったり、環境が要因となりトラブルが増えてしまうこともあります。誰かのための支援が誰かにとっての障壁にならないように学級全体をアセスメントすることが大切です。

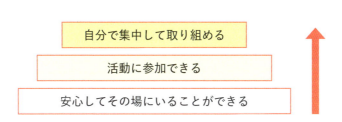

③実態に合わせた配慮

　子ども達の実態に合わせた配慮が必要です。例えば、Aさんはイヤーマフを装着したい、Bさんはタイムタイマーを使用したい、Cさんは引き出しの棚を使ってルーティンにしたい、など教育的ニーズによって個別の配慮が必要となります。Aさんであればイヤーマフを装着すると周りの様子がわかりづらくなる→座席を後方にして全体が見えるようにすることで安心できるようにする。など、一人ひとりと相談をしながら環境を整えていくことが大切です。

④生活年齢の反映

　学習内容や発達年齢に合った指導・支援は必要ですが、生活年齢を意識することも忘れてはいけません。年齢を重ねていくごとに、高学年や中学生としての自覚が芽生えるように、生活年齢に合わせたかかわりや声かけ、環境づくりを大切にしましょう。もちろん、小学校特別支援学級では、1年生から6年生まで異学年の児童が在籍することが想定されますので、そういった場合には、掲示スペースのデザインや様々な種類の学級文庫を置くなど、できることから環境を整えていきましょう。

⑤自分でできる環境づくり

　子ども達が、自分で考え行動することができる環境づくりが大切です。すべてを自分でやらなければならないという意味ではなく、必要なときに「手伝ってください」と教師や友達を呼んだり、補助具を活用できることがポイントです。例えば、使用頻度の高い補助具はお道具箱に入れておくと移動をすることなく出し入れすることができます。使用頻度の低い学習道具はロッカーに入れておくなど、子ども達と相談しながら収納場所を決めていきます。

▶ 教室環境を見比べてみよう

〈(例) 1年生2名〉

　個室のようなスペースがあると集中して学習できることから、個別学習スペースを整えた事例です。動線がぶつかることのないように、机と個別学習スペースとロッカーを配置しています。

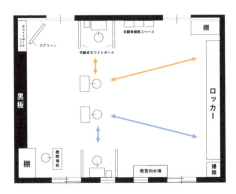

〈(例) 1年生2名、3年生1名、4年生1名、5年生2名、6年生2名〉

　小集団の中でも落ち着いて学習することができることから、教室前方に座席を集めた事例です。授業では、可動式ホワイトボードやスクリーンを活用して実態別のグループに分かれて学習をします。

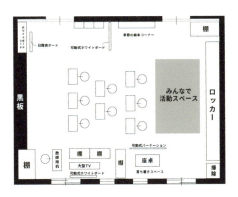

▶ 実態に合わせたロッカー配置

　学校生活では、様々な学習道具を使用します。廊下や教室に置いてある複数のフックに出席番号のシールを貼り、集団で管理する方法はよく見かける管理方法です（体育着袋は廊下のフックにかける、音楽セットは教室後ろの棚に重ねて置くなど）。学習道具の管理や自分の持ち物を理解することが難しい場合には、複数のロッカーを使用して一人ずつの個人スペースを設定すると効果的です。その場合には、一人ひとりの実態に合わせて検討します。下記では、Aさんは6箇所のスペースを活用しているのに対して、Cさんは、4箇所のスペースを活用しています。教室の中の子ども達の動線を見ながら、スムーズに出し入れができるように工夫をしていきましょう。ロッカーをビニールテープなどで色分けすると視覚的に理解しやすくなります。同様に、交流学級にもスペースを確保して、どちらの学級にも置くことができる体制を整えることが大切です。子ども達の気持ちや保護者の意向なども確認しながら、「自分のことは自分でできる」を目指して環境を整えていきましょう。

Aさん		Bさん		Cさん	
ランドセル	教科書 ワーク等	ランドセル	教科書 ワーク等	ランドセル	ワーク等
体育袋 着替え袋	給食袋	体育着	給食着	体育袋	図工セット 書写セット
算数セット	図工セット 音楽セット	作品 スペース	図工セット 音楽セット	学級の教材 スペース	学級の教材 スペース

▶ 教室環境とロッカー配置をイメージしてみよう 🔽DL

あなたの考える導線を図で考えてみましょう。

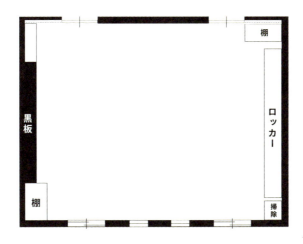

毎学期末には教室・ロッカーの見直しをしましょう。

ロッカーの配置を考えてみましょう。

CHAPTER
1-13

環境調整のポイント

人・もの・空間の3つの環境について理解を深め、子ども達のよりよい生活・学習環境を整えていきましょう。

▶ 3つの環境を知ろう

年度当初、子ども達は「初めて会う人」「初めて触るもの」「初めて感じる空間」に出会います。子ども達を中心に考えると、私達自身も、かけがえのない環境の一つなのです。3つの環境が最適な環境となることで、子ども達はのびのびと力を発揮し、安心して過ごすことができます。

〈人的環境〉

教師や他の子どもなど、本人を中心として考えたときに、同じ空間にいる人すべてが人的環境となります。表情や声かけ、服装や仕草など、言動を整えていくことが大切です。

〈物的環境〉

生活や学習するための教材・教具・学習道具・補助具など、本人が使用するもののことです。子ども達が意欲的に活動に参加できるように「自分で使えるもの」を整えていくことが大切です。

〈空間的環境〉

教室や体育館、多目的スペースなど、生活・学習をする場所です。また、授業は45分間、朝や夜など時間の流れも環境です。そして五感を通して感じるものも環境です。安全・安心な心地よい環境を整

えていきましょう。

▶ 複数の環境が集まって空間的環境ができる

　教室という空間的環境を考えるときには、人・もの等の環境が集まってつくられているのが空間であるということを念頭に置きます。例えば、清潔感があり明るい教室で、最新式の学習道具が揃っていても、怒鳴り声が頻繁に聞こえたり、ゴミが落ちていたりしたらどうでしょう？とても過ごしやすい空間とはいえません。

人的環境	空間的環境	物的環境
怖い表情 怒鳴る声かけ	不快 不安 来たくない	ゴミが落ちている どこに収納するか わからない

　逆に、明るい表情やおだやかな声かけ、清潔感のある教室であれば、子ども達は安心して過ごすことができます。

人的環境	空間的環境	物的環境
明るい表情 おだやかな声かけ	快適 安心 また来たい	清潔感がある わかりやすい工夫

　一日が終わるときに、「先生！また明日ね！」「今日も楽しかったね」という言葉が聞こえたら、子ども達にとって心地よい空間になっている合図です。「また学校に来たい」、その想いに対して、私達は「明日も待ってるよ」「先生も同じ気持ちだよ」と応えていけるように環境を整えていきましょう。

▶ 教室を整理整頓しよう

　教室にあるが、使用していない教材や材料などは、棚に入れて目隠しの布をしたり、収納ボックスにしまったりして環境を整えていきましょう。子ども達の実態や季節の視点で考えると教材の整理整頓が上手くいきます。各教科等を合わせた指導や自立活動などで取り扱い、定期的に子ども達と一緒に環境を整えてもよいかもしれません。ワークシートに書き出してみましょう。

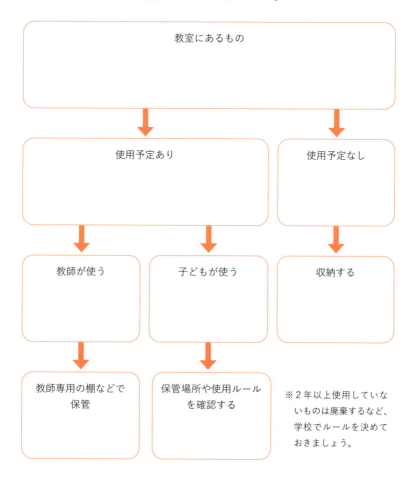

▶3つの環境の視点で実態把握→環境調整につなげる 📥DL

　子ども達の実態を把握するときには、3つの視点で考えると環境調整がしやすくなります。「～な人とは活動できない」「～な場所だと参加が難しい」など、困っていること、難しいことはリフレーミングをして考え方を変換してみましょう。「～な人となら活動できる」「～な場所であれば参加できる」といったように、改善・克服するためにはどうしたらよいかを考えると、よりよい環境調整につながります。

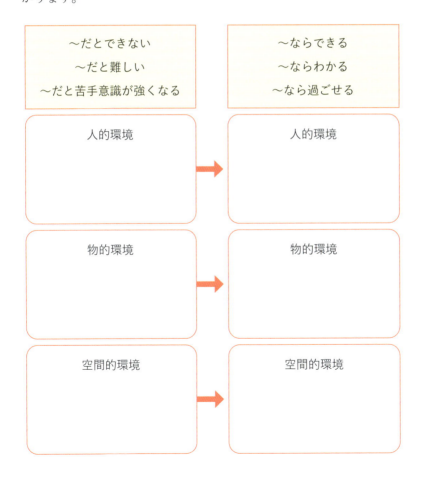

〈教室環境事例紹介①〉人的環境（あたたかい声かけ）

　学級という集団では、人と人がコミュニケーションをとって生活をしていきます。自分や相手を大切にする声かけを学びます。

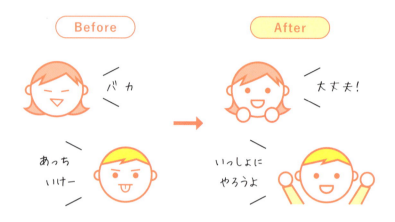

〈教室環境事例紹介②〉人的環境（教師の服装）

　教師は子ども達の目の前に立つ時間が長いことから、服装に配慮する必要があります。清潔感と視覚刺激・聴覚刺激の少ないものを推奨します。

〈教室環境事例紹介③〉物的環境（操作しやすい＝持ちやすい）

　子ども達が日常的に触る学習道具は、操作しやすいことが大切です。子ども達の手のひらのサイズ、指の巧緻性に配慮します。

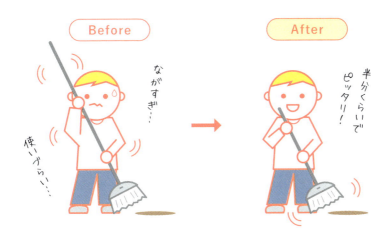

〈教室環境事例紹介④〉物的環境（触り心地のよい教材）

　操作できる教材を使用して学習する際は、触覚に配慮する必要があります。触ったときに不快・痛いなどの感情になるものは避け、安心して触ることのできる教材にカスタマイズしましょう。

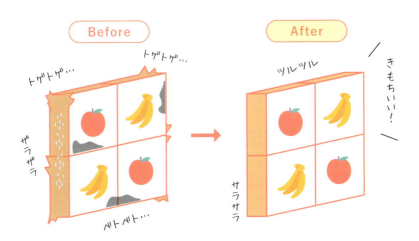

〈教室環境事例紹介⑤〉空間的環境（四季を感じる）

　四季を感じることは、自立心や知的好奇心の向上、豊かな感性を育むことにつながります。掲示物や作品で感じるように工夫しましょう。

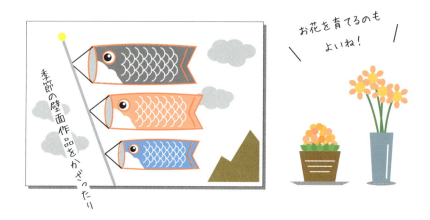

〈教室環境事例紹介⑥〉空感的環境（成長を感じる）

　子ども達の作品を掲示することで、自分や友達の作品を認め合い、褒め合うきっかけとなります。また、学級への帰属感を高めることができるため、年間を通して更新していきましょう。

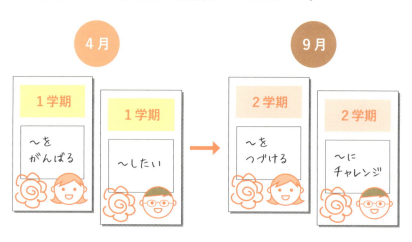

〈教室環境事例紹介⑦〉空間的環境（個別と集団のスペース）

　子ども達の実態に応じて、みんなで学ぶ時間・スペースと個別に学ぶ時間・スペースを整備することが効果的な場合もあります。

〈教室環境事例紹介⑧〉空間的環境（みんながわかる工夫）

　共有で使用する学習道具（のり・折り紙・ボードゲームなど）は、全員が理解して片付けることができるように工夫をします。学級会などで相談して決め、全員で整えていくことも大切です。

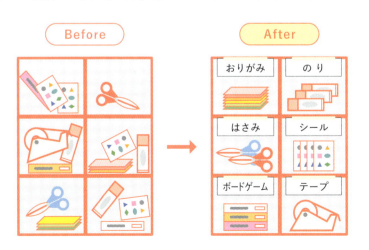

Column

支援ってなんだろう

「支援」という言葉について、改めて考えてみたいと思います。辞書を引くと「力を貸して助けること」とあります。学校では「誰に」対して力を貸すのでしょうか？当然、対象は「子ども」となりますが、では子どもの何を支援するのでしょうか。

「つまずきやできないところ？」と考える方が多いと思います。その通り、子どものつまずきやできないところを改善したり、環境を整えたりすることは大切です。しかし、どんなに支援してもできないこともありますし、時には「せっかく支援したのに、どうしてできないの？」と、できないことの原因を「支援のやり方」ではなく、子どものせいにしてしまうこともあるかもしれません。

ここで、もう一つの視点を考えてみましょう。

ある遊びの授業で、必死に大きな箱を積み重ねようとする子どもがいました。手を伸ばしたり、下の箱を足で支えたりと、なんとかして高く積み上げようとしています。思わず、私は反対側から箱が倒れないようそっと支え、積み重ねに成功させてあげました。このときの支援は、子どもが「箱を積むことにつまずきがある」と考えたのではなく、「箱を高く積みたい」という子どもの願いを叶えたい気持ちから生まれたものでした。このように、支援は子どもの「やりたい」という思いにそっと寄り添い、協力するものであることが大切だと思います。支援の目的は、単に「できない」を「できる」にするだけでなく、子ども自身の「夢」や「願い」の実現であるべきです。そのために、教師には、子どもの思いを汲み取れるアンテナが求められます。ぜひ、学び続けることでよりよい支援ができる教師を目指していきましょう。

—— 滝澤 健

CHAPTER

2

実態把握と連携

本章では、実態把握と連携について解説しています。図解での解説を中心に、実態把握に必要な教師の視点を可視化できるリストやワーク、かかわる教師や保護者との連携で意識したいポイントなど、日常の細かなところまで押さえています。勤務校の実態に合わせて、アンケートやシートをご活用ください。

CHAPTER 2-1

実態把握のポイント

キーワードは、背景要因と中心的課題です。表面的な指導にならないように丁寧に把握していきましょう。

▶ **背景要因を理解しようとする**

実態把握をする際には、「ぶつかってトラブルになる」「整理整頓が苦手」「机をよく倒す」「友達を強く叩いてしまう」など、目に見える場面を観察することも大切ですが、それ以上に、その言動の奥に隠れている背景要因を知ろうとすることが大切です。そして、活動したり参加したりすることへの難しさには、必ず複数の要因が関係し合っているということを忘れないようにしましょう。

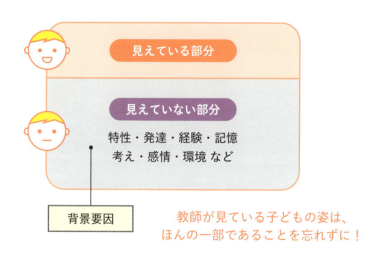

〈実態把握の流れ〉

教師の目に見えている場面・出来事
・廊下では、歩いているときに友達にぶつかって口論になる
・教室では、机や椅子にぶつかり気が付かない

表面的な指導
注意・叱責 など

自己肯定感の低下
二次障害の原因へ

背景要因を想像する
・視空間認知が弱く、相手やものとの距離を測ることが難しい？
・誰かに注目してほしくてわざとやっている？

自立活動の6区分に当てはめながら中心的課題を設定する

・環境の把握や身体の動きについての授業をしてみよう

（自立活動の6区分：P.109参照）

生活・学習上の課題の改善・克服に向けた指導内容につながる

▶ 困った子ではなく、困っている子

あなたは、こんな場面を見たらどう感じますか？

> **scene**
>
> Ｔさんは、授業中にノートを書いている。書いている文字がマス目の枠から大きくはみ出しているが、修正しようとする様子はない。教師がやり直すように声をかけると、消しゴムで消そうとした際に紙が破けてしまった。Ｔさんは笑いながら「やっちまった！テープで貼ればいいから平気平気！」とリアクションをとると、周りの子ども達がどっと笑った。そして、教師はＴさんや笑った子ども達を注意・叱責した。

小学校では、よく見かける日常場面の一つですが、こんなときあなたなら、**教師やＴさんにどんな声をかけますか？**

このワークでは、捉え方を考えていきたいと思います。

教師が主語になると、Ｔさんは、授業に参加することが難しく、周りの集中力を削いでしまう「困った子」と感じてしまうかもしれません。そしてそれは、問題行動となってしまいます。

しかし、子どもが主語になると、やりたいけれど難しく、恥ずかしさを誤魔化すためのリアクションだと考えると「困っている子」であり、Ｔさんの今できる表現の形なのです。

私達教師は、いつでも主語は子ども達でなければなりません。

▶ 子ども達の背景要因を想像しよう ⬇DL

① 目の前の子ども達の困難さを記入してみよう。

（例）わり算の筆算が難しい

② 個人因子と環境因子の双方から背景要因を考えてみよう。

（例）九九表を見ながらだと計算できているぞ

（例）筆算のやり方は覚えているな

③ 中心的課題を考えてみよう。（本人と対話することも大切）

（例）九九を覚えていないから、九九を覚えることから始めよう

（例）九九表があるとできるなら、計算するときに使用できるようにしよう

※ここに記入されたことが自立活動の指導や環境調整につながります

CHAPTER
2-2

強みリストをつくろう

強みは活動や学習、教材を作成するときに欠かすことのできない実態把握の一つの視点です。

▶ 強みってなに?

　本書では、子ども達がよりよく生活・学習していくためのすべてのものを「強み」と考えます。強みを把握する際には、個人（当事者・子ども本人のこと）のみではなく、環境についても観察することが大切です。子ども達の強みを把握し、学習や教材に取り入れることで、興味関心を高め主体的に学習できるようになります。

　また、強みを把握する際には、教師の一方的な想像で終えるのではなく、当事者である子ども達と対話をして確認することが大切です。もしも、気持ちを言葉にすることが難しい場合でも、表情や指先の動き、集中の持続時間など、些細な変化を見逃さずに丁寧な実態把握に努めていきましょう。

　個人と環境の視点で考えながらワークに書いてみましょう。
①個人：環境が変わっても、変わらないもの
②環境：環境が変わると、できたり難しくなったりするもの

個人	強み	環境
りんごが好き ひらがなが書ける	生活や学習に 活かせるもの	教室なら集中できる 担任なら質問できる

▶ 自分の強みを書いてみよう

　まずは練習として、あなた自身の強みについて書き出してみましょう。苦手意識のあることや活動が難しいことでも「（どんな環境）ならできる」という視点で強みに変換してみましょう。

〈自分の強みリスト〉

（キーワード：好き、できる、知っている、やったことがある 等）

▶ 子ども達の強みを書いてみよう 📥DL

　続いて、子ども達の強みについて書き出してみましょう。教師という仕事が専門職と言われる理由の一つに「子ども達のよさ」に気がつけるという点が挙げられます。本人が自覚していない強みを、私達教師が発見・認め・共有し、その子の存在を大切にしていけるようにかかわっていきましょう。

氏 名	強 み（●個人、★環境）
（例） どり　太郎	●新幹線が好き　●ラーメンが好き ★一人でいると落ち着く　★担任になら挨拶ができる

続いては、見直す日を設定してみましょう。おおよそのスケジュールで構いません。定期的に子どもの好みや経験の情報をアップデートして、最新の情報を授業に取り入れましょう。子ども達自身が自分の強みを把握することは、自己を受け入れ、認め、肯定することにつながります。特別活動や自立活動などと関連付けながら、自分や友達を認め合える機会を設定しましょう。

月　　　日	月　　　日
（例） ●のぞみ限定になった ★教室に友達がいても平気になった	（例） ★学年主任に挨拶ができるように 　なった

CHAPTER 2

▼ 実態把握と連携

CHAPTER 2-3

チームで多角的な視点をもとう

子ども達の実態把握をする際、一つの視点のみの偏った観察にならないよう教職員が連携してチームで観察しましょう。

▶ 多角的な視点を大切にしよう

　子ども達の背景要因を想像していく上で大切なことは、「もしかすると～かも」という姿勢をもつことです。近年「ADHDには～をすれば効果的！」のような、診断名で指導や支援の方向性を決定する傾向がありますが、それだけでは疑問が残ります。例えば「読むことが難しい」という背景要因を想像すると「視覚？」「情報処理？」「文字の習得？」「姿勢？」「心的要因？」など複数の要因が考えられます。特別支援教育をはじめ、子ども達とのかかわりでは、A＝Bという正解は存在しません。目の前の子ども達と真摯に向き合い、一つひとつの可能性を考えていく必要があります。幅広い視野で、多角的に子ども達を観察し、実態把握を大事にしましょう。

　子ども達を多角的に観察する際には、チームで行うことが重要です。これは、観察というアセスメントの性質上、ここでは必要のない個人の主観が入りやすくなってしまうからです。例えば、「気持ちを伝えることが難しい」という場面を見ても、保護者と教師では捉え方や感じ方は変わります。担任、学年主任、管理職、関係機関、保護者、それぞれが「子どもを中心に考える」を合言葉に、チームでかかわっていきましょう。

▶ 施設名称だけではなく窓口を明確にしよう

　学校教育現場では、子ども達にきめ細やかな指導・支援を行うために、関係する病院や施設などとの連携が不可欠です。保護者を中心に、個別の教育支援計画をツールとして連携していくことの重要性が高まっています。特に移行期（就学前→小学校への入学時期、6年生→中学校への入学時期、通常の学級→教育形態の変更の移行期間）では、○○病院、○○デイサービスなど施設名称はもちろん、窓口となる担当者と連絡先を把握しておくことが大切です。

　このワークでは、それぞれの窓口を確認してみましょう。

施 設 名：
担 当 者：
連 絡 先：
使用頻度：

施 設 名：
担 当 者：
連 絡 先：
使用頻度：

子ども

施 設 名：
担 当 者：
連 絡 先：
使用頻度：

施 設 名：
担 当 者：
連 絡 先：
使用頻度：

　続いては、4つの事例を見ながら考えてみましょう。

こんなときは？
Q1

こだわりが強くて活動の切り替えが難しい子どもがいます。

A 実態把握で行動の背景（理由）を考えてみましょう。こだわりが強く、活動の切り替えが苦手といった場合、「注意」の特性が影響していることが考えられます。注意とは、現在、必要な情報に選択的に注意を向けて、関係ない情報は排除する認知機能のことです。一度興味があることに注意が向くと、次のことに注意を移行させることが難しかったり、周囲の様々な刺激に点々と注意が移り変わったりと、子どもによって注意の特性は異なります。また、視覚情報に注意を向けやすい、向けにくい、聴覚情報に注意を向けやすい、向けにくい等、情報の種類によっても得意不得意の個人差があります。

その子にどのような注意の特性があるのかを観察して、必要な情報に注意が向けられるよう、得意な情報の提示方法で活動を促してみることが対応の基本となります。具体的に挙げてみましょう。

- 事前に予告をする。「〜が終わったら、〜があるよ」
- 活動の終わり方を決める。カウントダウン、箱に入れる等
- 課題の選択肢を設ける。「〜から始める？」
- 活動の切りのよいところを見計らって、終わることを促す。
- 活動を切り替えられたことを具体的に称賛する。など

これらの対応を個々の得意な注意の向け方に合わせて工夫してみましょう。

こんなときは？ Q2

全体指示を聞くのが難しい子どもがいます。

A 全体に向けた一斉指示を聞くためには、どのような力が必要になるでしょうか。

全体への指示が自分に向けられたものかどうかを判断すること、どの情報が今重要なのか・そうでないものはどれなのかを取捨選択して判断すること、話された言葉（聴覚的な情報）を一時的に記憶に留めておくことなど、全体指示を聞いて理解するには、複雑な情報処理を同時に行っています。

対象児がどの部分につまずき、困難さがあるのかによって対応も異なりますが、ここでは、教室にいるすべての子どもに伝わるユニバーサルな提示方法を考えてみましょう。

言葉だけでの説明では、注意を向けることが難しかったり、記憶に留めておくことが難しかったりする子どもがいることをあらかじめ想定しておき、複数の伝え方（提示方法）を用意しておきます。例えば、以下のようの配慮が考えられます。

- 口頭での説明の言葉をできるだけ簡潔にし、一度に伝える内容は一つにする。
- 口頭での説明に絵や写真、具体物、動画などの視覚的な情報を加える。
- 周囲の気になりそうな刺激を取り除いておく（見えなくする）。
- 全体での説明がわからなかった場合は、もう一度聞きにきてよいことを知らせておく。

こんなときは？
Q3

イライラすると、ものを投げたり、教師を叩いたりする子どもがいます。

A イライラする背景には様々な要因があります。例えば、勝負に負けてしまった時、自分の思い通りにいかない時、眠い時などです。まずは、どんな場面でどんなイライラが生じているのかを把握することが大切です。

その上で、そのイライラを解消するための手立てを考えます。環境調整すればうまくいくこともあります。ですが、大抵の場合、周りの環境を整えただけでは解決しないことの方が多いです。

イライラしてはいけないのではなく、イライラを適切に出せないことが課題なのです。そのイライラをその子に合った適切な方法で、処理していくことが大切です。

その一つの方法として、用いたのが「手回しシュレッダー」です。

イライラした要因や気持ちを自分で紙に書き、シュレッダーで切り刻みます。

自閉症・情緒障害特別支援学級に在籍するS君。自分の思い通りにいかないと、ものや人に当たります。ある時、避難訓練のために、休み時間が無くなってしまったことがありました。いつもなら泣き喚くS君ですが、この日は「先生、シュレッダーやりたい」と言うと、紙に「やすみじかんがなくてムカつく」と書き、シュレッダーで切り刻みました。なんと、イライラを自分の力で解消することができたのです。

困っているのは子ども自身です。その困った気持ちをなんとか解消できるようにするのが教師の役割ではないでしょうか。

こんなときは？

Q4

文字に興味が出てきて、少しずつ読めるようになってきた子どもがいます。でも書くことができません。

A 文字が書けるようになるには、様々なステップの過程があります。筆記具を持つことから始まり、直線、曲線、重なりのある線を書く力、それから、枠からはみ出さないようになぞったり、見本の形や線を写したりする力も必要になります。まずは、子どもがどのステップでつまずいているのかを把握することが大切です。

　書く指導では、いきなり文字を書くのではなく、最初は運筆と呼ばれる様々な線を書くことが必要です。その一つの教材として、「迷路」があります。簡単な迷路を印刷し、ラミネート加工を施します。最初は、教師がスタートからゴールまでの正解ルートを、ホワイトボードペンであらかじめ書いておきます。子どもは、ペン先についているイレイサー（消すスポンジ）で線をなぞって消します。消していくだけなので、間違えることはありません。

　次に、迷路の枠線をボンドで塗り、凸凹の壁を作ります。そして、スタートからゴールまで書くように促します。ボンドの壁があることで、壁を突き抜けることなくゴールまで辿り着けるようになります。さらに、様々な種類の迷路に取り組むことで、楽しみながら運筆力を養うことができます。

　迷路は、運筆力の他に、思考することや試行錯誤することなど、様々な力をつけることができます。楽しみながら迷路に取り組むことで、やがて文字を書くことにつながっていきます。

CHAPTER 2

実態把握と連携

CHAPTER
2-4

通常の学級との連携ポイント

インクルーシブ教育の実現に向けて、柔軟な生活・学習を提供しましょう。

▶ 3別による無意識の障壁を取り除こう

連携を進めていく上で最も重要になるのは「教師の意識」です。教師が無意識に、特別支援学級の子だからと区別・差別・特別視をしていると、学校の子ども達もその価値観になってしまいます。「人は皆、同じ人であり、それぞれを尊重しよう」「学校の仲間、学級の一員である」ことを忘れずに、日々の教育活動に努めていくことが大切です。通常の学級と特別支援学級に上下関係はなく、横並びであることを忘れないようにしましょう。

〈義務教育における連続性のある学びの場〉

- 通常学級
- 専門的な助言を受けながらの通常学級
- 専門的なスタッフを配置しての通常学級
- 通級による指導
- 特別支援学級
- 特別支援学校
- 自宅・病院における訪問学級

▶ 個に応じた学びの場の活用

　特別支援教育では、子ども達を分断しないために「制度の活用」と「個人の尊重・仲間意識などの価値観」の両面を理解することが必要です。まずは小学校を例に学び方について見てみましょう。

①通常学級に在籍をしている。
②通常学級に在籍をしながら、通級による指導を活用している。
③通常学級に在籍をしながら、特別支援学級の弾力的運用を活用している。
④特別支援学級に在籍をしながら、通常の学級との交流及び共同学習を活用している。
⑤特別支援学校に在籍をしながら、通常の学級との交流及び共同学習を活用している。

　このように、同じ学校の中でも様々な学び方があることがわかります。通常の学級、特別支援学級、どちらに在籍していても、また、通級による指導を活用していても、それは、制度を利用しているのであり、子ども達が分断されるものではないということを学校全体で共通理解をしましょう。地域の子ども達が共生できる環境を柔軟に整えていくことが大切です。また、学びの場を柔軟に考えていく際は、当事者である子どもや保護者との「建設的な対話」を意識することが大切です。いつでも中心に考えるべきは「子ども達にとっての最善の教育環境」です。学校教育の学びの場について、保護者にも丁寧に説明をしましょう。

CHAPTER
2-5

授業中の選択肢を増やそう

障がいとは、環境因子と個人因子の両面から考えることが大切です。

▶ 授業中にある意識上の障壁を取り除こう

　交流及び共同学習を実施する際に、活動や参加を妨げる要因となるのが、教師や集団による意識上の壁です。「今はノートに鉛筆で書く時間です」「タブレットしか使用してはいけません」など、「同じであること」を強要してしまうと、本当は参加できるのに、参加が難しくなってしまう場合もあります。これは「同じでなければいけないルール」という環境因子が障がいを作り出していることになります。個々の実態に合わせて学び方を選べることが重要です。

　また、「知らなかった」ことが意識上の壁をつくる要因となります。私達教師は、子ども達に寄り添い、理解しようとする努力を続けながら個別最適な学びを実現していきましょう。

知らなかったが壁をつくる

子どもの困りごと	を知らなかった
先生の困りごと	を知らなかった
困りごとの解決方法	を知らなかった

〈「読むことが難しい」を例に考えてみよう〉

 読みにくさの状況はさまざま

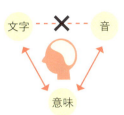

身体の壁
姿勢の保持が難しい

視覚の壁
見えない
見えにくい

言語の壁
外国籍

ディスレクシア

etc…

特性に応じて学習方法や学習道具に選択肢を用意して、子ども達が選べることが大切です。

 学校にある「壁」をなくせば「障がい」はなくなる

 難しい
 出来る
 出来る

ノート視写のみ　　文字の読み取り、タイピング　　板書の撮影

例：板書をとる

『見えにくい、読みにくい「困った！」を解決するデザイン』
（間嶋沙知著、マイナビ出版、2022）を参考に作成

CHAPTER 2-6

日々の連携ポイント

子ども達が学年・学級の一員として生活・学習できるように、
関係学年・学級等の先生方との連携を深めましょう。

▶ 行事予定表や企画委員会の資料を確認しよう

　4月当初の会議では、年間行事や各種行事について共通理解していくことになります。その際、資料の中に「特別支援学級」について明記されているかを確認しましょう。例えば、「入学式の流れの中に特別支援学級が記載されていない」場合、単に抜けてしまっているのか、それとも、「交流学級と一緒に参加をする」から省略されているのか、後者の場合には、その旨を資料に詳しく記載しておくことで校内の教職員全体で共通理解を図ることができます。

　特別支援学級担任は、自分の学級のどの児童が交流学級で参加して、どの児童が担任（自分）と一緒に参加するのかなどを把握して会議に臨みましょう。また、会議の中では、すべての子ども達がそのときの状況に応じて柔軟に参加できるように理解を進めていきましょう。ベースとなる参加方法について記入をしてみましょう。

年　組	
名　前	
参加方法	
配慮事項	

※「交流で参加」「特別支援学級の学級ごとに参加」「行事によって参加」など

▶ 週予定表をツールに、教員間で日々の連携をしよう

日々のスムーズな連携のためには、ツールを用意することがおすすめです。その一つの例として、週予定表の活用をご紹介します。

(例) 通常の学級 (交流学級) と特別支援学級の週予定表連携

いつまでに	誰が	何をする	ポイント
木曜日の日中まで	交流学級担任が	次週の交流学級の週予定表を特別支援学級担任へ渡す	・必要に応じて余白スペースなどに連絡事項を記入 ・学年集会など参加してほしい時間にマークを記入
木曜日の放課後まで	特別支援学級担任が	交流学級の週予定表を確認する	・交流に参加する時間帯にマークを記入する ・日程調整が必要な場合は、担任同士で話したり、付箋で共有したりする
金曜日の朝まで	特別支援学級担任が	必要数の交流学級の週予定表を用意する	①特別支援学級の教室掲示用（担任確認用を兼ねる） ②保護者に配布用 ③交流学級担任に渡す確認用
金曜日の朝まで	特別支援学級担任が	特別支援学級の週予定表を作成する	・在籍する全員の交流学級予定表を見て検討する ・生活リズムや学習形態に配慮して作成する ・交流学級に特別支援学級の週予定表を渡す

作成する媒体や期日について共通理解を図りましょう。どちらの担任が先に作成をするのかによって作成手順は変わります。4月に話し合って無理なく継続できる連携を目指しましょう。

▶ 特別支援教育コーディネーターとの連携

　特別支援学級から通常の学級へ行く時間に合わせて、教職員が指導・支援に入ることも想定できます。「自分でできなければ交流学級には行くことはできない」「みんなと同じようにできる学習でなければ交流学級に行くことはできない」という誤解や過度なハードル設定をしている学校を時折目にしますが、大切なのは子ども達が「自分でできるように工夫」をすることです。人・もの・空間の視点から環境調整をすることで、子ども達が参加できるように進めていきましょう。その際、定期的な評価や振り返りが必要になります。特別支援学級担任や特別支援教育コーディネーターが通常の学級に巡回に行き、子ども達の様子を実際に観察できる時間を設定することも大切です。

▶ 特別支援教育支援員との連携

　交流及び共同学習に参加する場合には、特別支援教育支援員（学習補助員、学習支援員など様々な名称あり）との連携は欠かせません。教室移動の支援、学習の支援、参加の支援など、必要に応じて必要な分の支援をすることができるように指導・支援方針について情報共有を進めていきましょう。

▶ 交流及び共同学習チェックリストを作成しよう

　特別支援教育コーディネーターを中心に、学校や地域の実態に合った連携ができるようにチェックリストを作成します。次年度以降も更新をしながら継続して使用していくことで、継続的に交流及び共同学習ができる体制を整えていきましょう。

交流及び共同学習一覧表の例を見てみましょう。子ども達が学校や学級の一員として生活できるように環境を整えることはもちろん、活動や参加を通して、充実感や満足感を得ることができるように校内全体で共通理解を進め、学校長のリーダーシップのもと環境を整えていきましょう。

〈交流及び共同学習チェックリスト（例）〉

Ⅰ　事前準備
① 特別支援学級担任と交流学級担任とで、週案や授業内容等の共有をしている。
② 特別支援学級担任と交流学級担任とで、交流及び共同学習の事前打ち合わせを行い、必要な情報を共有している。
③ 特別支援学級の児童生徒本人、保護者（家族）の思いや願いを聞き取り、交流及び共同学習に反映させる工夫をしている。
④ 交流学級の児童生徒が特別支援学級の児童生徒について理解できるよう工夫している。
　（好きなこと、苦手なこと、コミュニケーションの方法、必要な支援や協力の仕方を事前に伝える等）
⑤ 特別支援学級の児童生徒が、交流学級に帰属意識をもてるよう工夫している。
　（机・いすの準備、作品などの掲示等）

※交流学級の健康観察簿や学級名簿、入学者一覧掲示など、名簿に記入をすると学級の一員としての意識・認識が高まります。

Ⅱ 目標設定の工夫と学習活動の変更調整

① 特別支援学級の児童生徒と交流学級の児童生徒それぞれの実態に応じて、交流及び共同学習の目標や教科領域の目標を設定し、目標に向かって取り組んでいる。

② 特別支援学級の児童生徒が学習に取り組みやすいよう、活動の設定を工夫している。

（参加する場面の設定、授業・学習活動の内容や方法の変更調整等）

③ 特別支援学級の児童生徒の、心理的・身体的負担を考慮した計画を行っている。

Ⅲ 子どもの積極的参加のための活動の工夫

① 特別支援学級の児童生徒と交流学級の児童生徒が、相互に協力しながら取り組めるよう工夫している。

（ペア学習、グループ学習等）

② 特別支援学級の児童生徒の実態に適した補助的教材や教具等を工夫している。

③ 特別支援学級の児童生徒も交流学級の児童生徒も双方が理解しやすいよう、情報を様々な方法で提示している。

④ 特別支援学級の児童生徒も交流学級の児童生徒も、活動の中で自分に合ったやり方を考えたり選択したりできるよう工夫している。

⑤ 特別支援学級の児童生徒も交流学級の児童生徒も自分の思いを表現できるよう、発表や表現の仕方を工夫している。

⑥ 授業場面のみでなく、休み時間や生活場面でも、児童生徒同士が主体的にかかわりをもてるよう工夫している。

Ⅳ スタッフの役割と子どものサポート

① 特別支援学級担任、交流学級担任、支援員、保護者等の関係者が、交流及び共同学習での役割を確認し、目標の達成に向けて取り組んでいる。

② 交流学級の児童生徒が多様性を尊重する心を育むことができるよう、交流学級担任自身がモデルとなることを意識して特別支援学級の児童生徒とかかわっている。

Ⅴ 事後学習と評価

① 交流及び共同学習の後に、特別支援学級の児童生徒や交流学級の児童生徒が学習を振り返ることができるよう工夫している。

② 交流及び共同学習の授業・学習活動についての担任や児童生徒の振り返りを、次回の学習に活かしている。

③ 交流及び共同学習をより充実させるために、間接的な交流に取り組んでいる。

（学級便りを届ける、お互いの学級の様子を伝える等）

独立行政法人国立特別支援教育総合研究所
「交流及び共同学習の推進に関する研究」（平成30年3月）の図表を引用して作成

CHAPTER 2-7

保護者との連携ポイント

保護者は、子ども達の一番近くでかかわっている存在です。
子ども達を中心に考えた相談・支援をしていきましょう。

▶ 子どもを中心に考える

　保護者と連携をしていく際は、いつ、どんな状況であっても、「子どもを中心に考える」ことを大切にします。立場は違いますが、子ども達の将来の自立と社会参加に向けて、同じ方向を向いて相談・連携ができるように意識しましょう。そして、それぞれの考え方や立場を尊重しながら対話を進めることで、最善の教育活動が提供できるように努めていきます。ときには、実現することが難しい要求や相談を受けることがあるかもしれませんが、「前例がないから無理」と断るのではなく、どうすれば子ども達のよりよい活動・参加につながるのかを建設的に対話する姿勢を大切にしましょう。

▶ 個別の教育支援計画を基に連携する

　子ども達の実態を把握するためのツールとして個別の教育支援計画があります。個別の教育支援計画にはこれまでの教育・支援についてはもちろん、子ども達の成長の記録が詰まっています。今年度の情報を記録し、必要に応じて情報を更新します。引き継ぎの際は、保護者の同意を得ながら積極的に活用していきましょう。

▶ 保護者の心に寄り添う

　小学校への入学、卒業や進学するタイミングなど、子どもの移行期には不安を感じる保護者もいます。まずは、保護者の気持ちに寄り添うことを忘れずに、受容・共感・一緒に考えていく姿勢を大切にしましょう。

▶ 連絡帳やメール配信で「見える化」する

　不安になる一つの要因に「情報が見えない、知らない、わからない」といったことが考えられます。校内のシステムをうまく活用しながら、学習の様子や成長したことなどを共有するようにしましょう。※個人が特定できる顔写真や氏名など、個人情報には気をつけましょう。また、仕事をしている保護者が多いため、共有方法は保護者にアンケートを取ると連携がしやすくなります。連絡帳やメールなど保護者に届く方法を確認しましょう。

学年氏名							
媒体・頻度							
配慮事項							

〈連絡帳の例① **DL** 〉

月　　　日　　　曜日

時間割	
朝の活動	
朝の会	
1	
2	
休み時間	
3	
4	
給食・掃除	
5	
6	

帰りは　　　　　　　　　　　バスの出発は　　　時　　　　分

持ち物

今日の気持ち

〈連絡帳の例② 🔲DL 〉

月　　　日　　　曜日

時間割	学習内容	交流学級なら○	学習場所
朝の活動			
朝の会			
1			
2			
休み時間			
3			
4			
給食・掃除			
5			
6			
帰りの会			

持ち物

今日の
ハッピー

担任からの連絡　　　　保護者からの連絡

▶ 個人面談のポイント

① 個人面談の目的

　個人面談の目的は、「子ども達のよりよい成長に向けて情報交換・共有」をすることです。子どもを中心に考え情報交換・共有をすることで、保護者と担任の信頼関係構築にもつながります。また、指導方法や支援方法を共有することで、声かけやかかわり方などに一貫性がでます。

② 面談に向けた準備

- 子ども達の学習・生活・人間関係のよいところを伝えられるよう記録します。
- 保護者に協力してほしいことがある場合には、資料を準備します。
- 対面・オンラインどちらでも対応できるように事前にアンケートを取ります。
- 入学前、学期途中などその時々に合わせた個人面談用アンケートを作成し、記入をして持参してもらいます。

③ 個人面談に向けた心構え

- 普段通りの教室で実施する際は室内の清潔感を意識します。
- 廊下や教室後方には作品を掲示して、子ども達の成長を感じることができるようにします。
- 教師が予定時間を守って面談を開始します。

④ 面談の流れ

（1）家庭での様子を聞く

（2）学校での様子を話す（学習、生活、人間関係など）

（3）指導や支援の方向性

（4）質問や相談、時期によっては個別の指導計画などの評価

〈個人面談シート **DL**〉

面談日	年　月　日（　　）　　時　　分〜　　時　　分
児童氏名	
担任名	
面談者名	

お子様の様子	
生活面	
学習面	
人間関係	

相談したいこと	

担任記録欄	

▶ 事前アンケート（入学前・進級前など） ⬇DL

入 学 前 ア ン ケ ー ト

児童名

● お子様の様子について、ご記入ください。

好きなこと	
好きな遊び	
苦手なこと	

● ご家庭での様子について、ご記入ください。

休日	
平日の放課後	
療育・習い事 など	

● ご家庭や学校でできるようになってほしいと願うことを具体的にご記入ください。

生活	
学習	
健康	
運動	
行動	
気持ち	
コミュニケーション	
人間関係	

● 学校生活に期待することをご記入ください。

● 合理的配慮について相談がありましたらご記入ください。

● 同封する書類（発達検査の結果 等）がありましたら書類名をご記入ください。

▶ 宿泊を伴う学習のアンケート ⬇DL

宿泊学習参加希望者

児 童 の 健 康 状 態 に 関 す る ア ン ケ ー ト

児童名

● 健康状態

普段から通院している医療機関はありますか？	
普段、どのような病気にかかりやすいですか？	
持病やアレルギーはありますか？	
薬を服用していますか？	
過去に、宿泊行事中に体調を崩したことはありますか？	

● 食事

食べられないもの、嫌いなものはありますか？	
食物アレルギーはありますか？	
特定の食事制限はありますか？	

● 睡眠

普段の睡眠時間は何時間ですか？	
睡眠中にどのようなことに注意が必要ですか？	

● 体調の変化

体調が変化した際に、どのような兆候が見られますか？	
体調が変化した場合、どのような対応が必要ですか？	

● 緊急時の対応 等

緊急時に連絡できる電話番号はありますか？	
緊急時、どのような対応を希望しますか？	
宿泊中に気を付けてほしいこと、または心配なことはありますか？	
宿泊行事への参加について、何かご質問はありますか？	

CHAPTER 2

▼

実態把握と連携

▶ 授業参観や懇談会を通して連携しよう 🔽DL

　保護者が子どもの学校での様子を知る機会として、授業参観があります。保護者が直接学校に来校して、目で見て、耳で聞いて、心で感じることができる機会です。ぜひ、年間を通して計画をしましょう。保護者にとって我が子は宝物であり、愛情をもってかかわってくれる先生にみてほしいと願っています。授業参観や懇談会では、非日常的なことを計画するのではなく、普段の様子や子ども達の成長を感じることのできる時間になるように計画をします。

授業参観のポイント

❶ 授業の導入では、共通目標と個別目標を明確にする

　子ども達はもちろん、保護者にとっても「この時間は何の学習をしているのか」が理解できるように明確な掲示をしましょう。

❷ 普段通りの授業を心がけつつ、リラックスできる雰囲気づくり

　たくさんの人が参観にきていると子ども達は緊張します。いつもと違う言動になる子もいるでしょう。そんなときこそ安心できる・リラックスできる声かけに努めます。

❸ 全員の子ども達が活動・参加できるような工夫と子ども達が自分のよさを発揮できる場面の設定

　単元のどの時間を公開するのかを計画するときには、初めての活動でやったことのない内容より、安心して活動できるものや、単元のまとめを発表できる内容がおすすめです。

❹ 前向きで具体的な指導・支援

　普段から前向きで具体的な指導・支援に努めましょう。認める姿勢、褒める姿勢を忘れずに笑顔でかかわりましょう。

個人面談・個別の教育支援計画や個別の指導計画の評価、授業参観・懇談会の年間スケジュールを確認してみましょう。

月	内　容 （例）個人面談など	評　価　等 （例）　個別の指導計画の 評価を手渡しする
4 月		
5 月		
6 月		
7 月		
8 月		
9 月		
10 月		
11 月		
12 月		
1 月		
2 月		
3 月		

Column

先生、もっとわかりやすく教えてよ

　皆さんは、「特別支援教育」と聞くと、どんなイメージをもつでしょうか。障がい、困り感、難しい、できない……。

　色々なイメージがあると思います。どちらかというと負のイメージが多いのではないでしょうか。私も最初はそうでした。障がいのある子の困難さや苦手さに向き合い続ける教育だと感じていました。ですが、教師一年目で初めて出会った一人の子がその意識を変えてくれました。

　特別支援学校（知的障害）に在籍するＳ君です。当時、私は授業中も走り回るＳ君の対応に悩んでいました。先輩教師に相談しながらアドバイスをいただき、教材づくりに励みました。ある時、Ｓ君の好きを生かした教材を提示したら、黙々と取り組むＳ君の姿がありました。やり遂げた時の満足したＳ君の表情は忘れられません。そこから教材づくりに夢中になりました。もちろん、特別支援学校に在籍しているのですから、できないことや困っていることはあります。ですが、子どもに合った教材を用いることで、少しずつできるようになっていきます。たとえできなくても、できなさの度合いが以前と変わってくるのです。

　教材づくり、そして子ども達とのかかわりはわくわくします。失敗もありますが、それは子ども達からのメッセージだと感じています。「先生、もっとわかりやすく教えてよ」と。

　特別支援教育は奥が深く、面白いです。だから、私は「わくわく特別支援教育」をコンセプトに、日々教材づくりを続けています。子ども達の姿をわくわく想像しながら。ぜひ、ともにわくわくしながら、特別支援教育を楽しんでまいりましょう。

―― 武井 恒

CHAPTER 3

授業づくり

本章では、各教科等の授業づくりについて解説しています。学習指導要領の目標や内容、留意事項を穴埋め形式で確認できます。指導計画や教材のアイデアを考えるためのワークシートも用意しました。実践例も掲載しているので授業づくりにご活用ください。

CASE

自立活動の授業づくり

── 学習指導要領で目標と指導内容を確認しよう！──

目標 個々の児童又は生徒が（ ① ）を目指し、障害による（ ② ）の困難を（ ③ ）に改善・克服するために必要な知識、技能、態度及び習慣を養い、もって心身の（ ④ ）の基盤を培う。

答え
①自立　②学習上又は生活上　③主体的　④調和的発達

※「自立」とは、児童生徒がそれぞれの障害の状態や発達の段階などに応じて、主体的に自己の力を可能な限り発揮し、より良く生きようとすることです。
※「調和的発達」とは、発達の遅れや不均衡を改善したり、発達の進んでいる側面を更に伸ばしたりすることによって、遅れている側面の発達を促すとともに全人的な発達を促進することです。

　自立活動は、特別支援学校の教育課程に設けられた、個々の障害による学習上又は生活上の困難を改善・克服するための特別な指導領域です。生活年齢に即した系統的・段階的な指導である「各教科等」の指導と、障害による困難さを改善・克服する「自立活動」の指導を関連させて行うことで調和のとれた発達を育成します。

　小・中学校の特別支援学級や通級による指導では、児童生徒の障害の状態を考慮し、小・中学校の教育課程をそのまま適用することが難しい場合、特別支援学校の学習指導要領に示されている自立活動等を取り入れた特別な教育課程を編成することができます。

■自立活動の指導内容を確認してみよう

　自立活動の内容は、「人間としての基本的な行動を遂行するための要素」と「障害による学習上又は生活上の困難を改善・克服するために必要な要素」から構成され、以下の6区分27項目でまとめられています。詳しい内容は学習指導要領解説（自立活動編）で確認しておきましょう。

自立活動の内容（6区分27項目）	
1　健康の保持 （1）生活リズムや生活習慣の形成 （2）病気の状態と生活管理 （3）身体各部の状態の理解と養護 （4）障害の特性の理解と生活環境の調整 （5）健康状態の維持・改善	2　心理的な安定 （1）情緒の安定 （2）状況の理解と変化への対応 （3）障害による学習上又は生活上の困難を改善・克服する意欲
3　人間関係の形成 （1）他者とのかかわりの基礎 （2）他者の意図や感情の理解 （3）自己の理解と行動の調整 （4）集団への参加の基礎	4　環境の把握 （1）保有する感覚の活用 （2）感覚や認知の特性についての理解と対応 （3）感情の補助及び代行手段の活用 （4）感覚を総合的に活用した周囲の状況についての把握と状況に応じた行動 （5）認知や行動の手掛かりとなる概念の形成
5　身体の動き （1）姿勢と運動・動作の基本的技能 （2）姿勢保持と運動・動作の補助的手段の活用 （3）日常生活に必要な基本動作 （4）身体の移動能力 （5）作業に必要な動作と円滑な遂行	6　コミュニケーション （1）コミュニケーションの基礎的能力 （2）言語の受容と表出 （3）言語の形成と活用 （4）コミュニケーション手段の選択と活用 （5）状況に応じたコミュニケーション

※自立活動の内容は、各教科のようにすべてを取り扱うものではなく、個々の児童生徒の実態に応じて必要な項目を選定して取り扱います。

■子ども一人一人の学習上又は生活上の困難さを把握する

　自立活動は、各教科のように系統的に示された指導内容を学年ごとに教えるものではなく、個々の実態把握からスタートするオーダーメイドの指導です。そのため、自立活動の指導には実態把握が欠かせません。まず、学習や生活の中で子どもが困難を感じている点を具体的に書き出します。例えば「計算に時間がかかる」「ノートの文字がはみ出す」「授業中に離席が多い」といった内容です。

　次に、これらの困難さの背景（理由）を6区分27項目の窓口から考え、障害特性、発達の偏りや遅れ、環境要因などを探ります。担任教師一人ではなく、子どもにかかわる複数の教員がチームになって子どもの実態を多面的、多角的に把握することが大切です。

■学習、生活上の困難さと理由を考えてみよう（ステップ1）

◆本人が学習上、生活上で困っていることを挙げましょう

| |
| |

◆困難さの理由を6区分で考えましょう

からだ 健康の保持	
きもち 心理的な安定	
かかわり 人間関係の形成	
みる・きく・覚える等 環境の把握	
うごき 身体の動き	
はなす コミュニケーション	

■実態把握した情報から指導目標と指導内容を考える

　個々の実態把握に基づき、指導目標と指導内容を絞り込んでいきます。6区分を窓口に、実態把握した複数の情報を相互に関連付けて「指導すべき中心的な課題」を明確にしていきます。指導目標は、これまでの指導はどうだったか（過去）、将来どうなってほしいか（未来）を踏まえて、今、現在の課題を具体化して設定します。そして、指導目標を達成するためにどのような指導内容（活動）に取り組む必要があるかを考え、指導計画を検討します。指導内容（活動）ありきの授業ではなく、実態を根拠に課題が設定されていることが大切です。

■指導目標と指導内容を設定しよう（ステップ2, 3）

◆実態から指導目標を考えましょう

長期目標	
短期目標	

◆指導目標を達成するための具体的な指導内容を考えましょう

◆指導計画（いつ、どこで、だれと）を立てましょう

自立活動の時間における指導	
各教科	
各教科等を合わせた指導	
教育活動全体	

実態

　平仮名を読むときに一文字ずつ読むため、時間がかかることが多く、単語の意味を捉えることが難しい子どもがいます。

授業内容　「単語のまとまり読み（環境の把握）」

　単語をまとまりとして捉えられるように、文字列中から動物や文房具などの言葉を探して丸をつける課題に取り組みました。最初は余分な文字がない課題で取り組み、次に余分な文字がある課題に取り組みました。文字列が印刷されたプリントは透明のクリアファイルにはさみ、ボードマーカーで丸を書くことで、修正しやすくしました。単語に丸を付けた後、単語を指さしながらテンポよく読む練習をし、慣れてきたらクリアファイルからプリントを取り出し、丸が書かれていないプリントで読む練習に取り組むようにしました。指導の結果、単語に注目できるようになり、読みの流暢性が改善しました。

（執筆者：滝澤健）

実態

体幹が弱いため、姿勢の保持が難しく、体のバランスが整っていない子どもが多い学級です。

授業内容 「棒トレーニングをしよう」

体のバランスを取りながら、姿勢を保持することをねらいに棒トレーニングを実施しました。まず、新聞紙を丸めてカラーテープを巻いた棒を作り、投げてキャッチしたり、体の部位を意識して棒でタッチしたりします。動きがぎこちない子も、見本をよく見て体を動かしていました。

また、二人一組で棒を引っ張り合い、動いたら負けというルールで引っ張り相撲をしました。足裏に力を入れ、姿勢を保ちながら棒を引っ張り合う姿が見られました。色々な学年、先生とかかわる中で、楽しみながら姿勢保持を意識して取り組むことができました。

(執筆者：武井恒)

実態

　コミュニケーションが苦手で、自分以外の他者への意識をもちにくい子どもが多い学級です。

紙コップロケット：完成＆切った底

的に投げた後

授業内容　「紙コップロケット～遠くへ飛べ・高得点ゲット」

材料
紙コップ、傘を入れるビニル袋、カッター、セロテープ、ペン

作り方
①紙コップの底をカッターで切り抜きます。
②紙コップ、ビニル袋に絵などを描いて彩色します。
③ビニル袋を紙コップに通し、セロテープで貼り付けます。

扱い方
①遠くへ飛ばします。
②的を作って、的めがけて投げます。（的の数で足し算をします）
③友達同士でキャッチをします。

　これらの活動を通じて、制作の意欲だけでなく、友達と協力すること、どのように投げたらよいのかという工夫、力加減の調節や集中力を育てることができました。

（執筆者：保田好一）

実態

　勝ち負けにこだわる子どもや、一緒に遊びに参加することが難しい子どもなどがいる学級です。

授業内容　「みんなでゲームをしよう!」

　帯の自立活動の時間を利用して、友達と一緒にゲームをする時間にしました。先生と一緒に、その日に参加する人数から、剣を何本ずつ配るかを考えます。次に、順番を決めるジャンケンをします。順番が決まったら順に剣を刺していきます。自分の番が終わったら友達に遊具を渡すことや友達に優しい言葉かけをすることも意識しました。飛んだら負けではなく「あたり」とすること、一番飛んだ回数の多い人が終わりの挨拶をすることを自分たちで考えて決め、楽しんでいました。ゲームが盛り上がるとテンションが上がって大きな声を出してしまう児童もいたので、周りを見て声の調整をすることも考える時間になっていました。

　他にもすごろくやオセロなどもしました。

（執筆者：笑実）

実態

　クラスの仲間と仲良く遊びたいけれど、どうしたら気持ちよく遊べるのかがわからない子どもがいます。

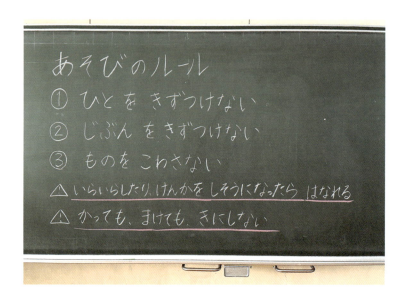

授業内容　「あそびのグランドルール」

　4・5月の自立活動の時間に、仲良くできる学級の形成を目的とした遊びの活動を設定し、外遊び（おにごっこやだるまさんがころんだ）や室内遊び（各種ボードゲーム）を行いました。

　外遊びでも室内遊びでも、グランドルールとして徹底したことがあります。「①人を傷つけない②自分を傷つけない③物を壊さない」の3ルール、そして「けんかしそうになったり、イライラしたりしたら、その場から離れる」、「勝っても負けても気にしない」です。

　大事なことは、遊び始める前にグランドルールを全体で確認すること、教師も遊びに混ざって子どもを観察すること、グランドルールを教師自らが守ることです。

（執筆者：空に架かる橋Ⅰメンバー）

実態

　負けることに抵抗のある子どもが多く、また、運動の力に差があるため、ボールゲームをすることが難しい学級です。

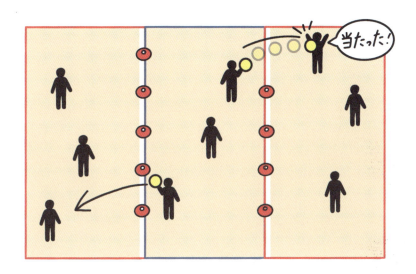

授業内容　「中VS外　自己申告でドッチボール」

　低学年と高学年の子どもが一緒に取り組む場合でも楽しく活動できるように考えました。外側にいる子ども達は同じチームになり、内側にいる子ども達は外側のチームから逃げながら反撃します。

　当たった場合は"当たった"と自己申告し、それを褒めることで価値づけをしていきました。ポイントは、みんなが当たりまくる状況を作り、楽しく申告できるようにすることです。広めの教室等で行えば教室全体がコートになり、取れなくても外側にボールが集まりやすいため、苦手な子どもでも投げる機会が増加しました。また、ボールの数を増やしたり、コートを狭めたりすることで難易度を調整することも可能です。

（執筆者：keika）

> 実態

　指先を使う細やかな作業が苦手で、制作活動に消極的です。表現したいことがあっても、理想通りに作れないことにもどかしさを感じています。

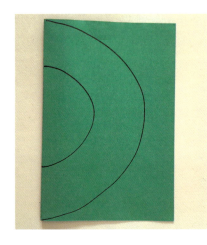 

> 授業内容　「指先を使って作ろう」

　色画用紙やシールなどを使って、簡単にできるクリスマスリースづくりをしました。

　まず、色画用紙を半分に折って、線に合わせて切り取ります。次に、ドーナツ状になった形をリースに見立ててシールを貼ります。空いているところには、ペンやクレヨンなどで飾りを書き加えてもよいです。

　はさみを使う練習や、シールをはがすときの指の動きの練習など、楽しみながら手指機能の向上を図ることができます。また、子ども達が好きな「クリスマス」が題材となり、簡単にオリジナリティが出せるので、制作に苦手意識がある子どもたちも意欲的に取り組むことができました。

（執筆者：あっか）

実態

細かい作業に苦手さを感じていますが、感覚遊びが好きという強みがあります。

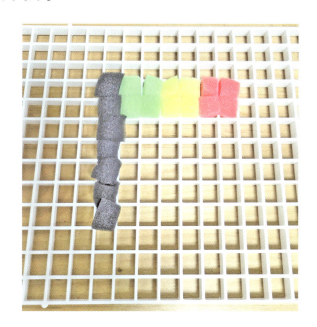

授業内容 「アイロンビーズのかわりに」

アイロンビーズだと小さくてやりづらさを感じていたため、その代わりとして水切りメッシュボードと食器洗いスポンジを使いました。スポンジは7色セットと白黒セットを購入し、それぞれ1.5センチ角に切りました。各スポンジをメッシュボードの枠に押し込むことで、指先の巧緻性を高めました。触り心地の柔らかさ、スポッと入る触感に感覚遊びが好きな子どもたちは大喜び。色もカラフルなので、意欲が大幅に向上しました。

片付けの際は上から下に指を入れてスポンジを押し出します。これも楽しいので、片付けも意欲的に行うことができました。

（執筆者：すえ）

日常生活の指導の授業づくり

— 学習指導要領解説の留意事項を確認しよう！—

目標 日常生活の指導は、児童生徒の（ ① ）が充実し、高まるように（ ① ）の諸活動について、知的障害の状態、（ ② ）年齢、学習状況や経験等を踏まえながら計画的に指導するものである。

日常生活の指導は、（ ② ）科を中心として、特別活動の〔学級活動〕など広範囲に、各教科等の内容が扱われる。それらは、例えば、衣服の着脱、洗面、手洗い、排泄、食事、清潔など基本的生活習慣の内容や、あいさつ、言葉遣い、礼儀作法、時間を守ること、きまりを守ることなどの（ ① ）や社会生活において、習慣的に繰り返される、必要で基本的な内容である。

※『特別支援学校学習指導要領解説』（各教科等編）P.31』

答え
①日常生活　②生活

　日常生活の指導は、基本的な生活習慣など「生活科」の内容を中心とした技能の習得が目標になりますが、単に技能を身につけるだけでは不十分です。習得した技能を通じて、日常生活を充実させ質を高めることが重要です。そのためには、学んだことを学校だけでなく家庭生活でも活用できるようにする必要があります。

　また、子どもの発達段階に加えて、生活年齢を考慮した指導も重要です。例えば、「着替え」は年齢に関わらず必要なスキルですが、発達段階に応じて着やすさだけでなく、生活年齢に適したデザインを選ぶ視点も求められます。

■実態把握をもとに指導目標を立てよう

　日常生活の指導を効果的に行うには、一貫した指導が重要です。教師ごとに教え方が異なると、子ども達が混乱し、指導の効果が薄れてしまいます。そのため、子どもの実態や重点課題、目標について教師間で共通理解をもつことが必要です。日常生活の指導チェックリストや個別の指導計画を基に情報共有を行い、一貫したアプローチを保つことで、子ども達が技能をより効果的に習得できる環境を整えます。日常生活の指導チェックリストを活用して着替えや排せつの状況を把握し、重点課題を決めることで、必要なサポートを明確にし、効果的な指導につなげます。

■日常生活の指導チェックリストで重点課題を考えよう　⬇DL

日常生活の指導チェックリスト　　氏名（　　　　　　）

◎一人でできる　　○声かけ、指さし等があればできる　　△要介助　　－未実施　　★重点課題（3項目以内）

	チェック項目	1年	2年	3年	4年	5年	6年
着替え	・靴を脱ぐ／履く						
	・靴を所定の場所に片付ける						
	・ボタンをはずす／とめる						
	・ファスナーを下げる／上げる						
	・ホックをはずす／とめる						
	・衣服を脱ぐ						
	・衣服の前後、表裏を間違えずに着る						
	・着替えに集中して取り組む						
	・衣服をハンガーにつるす						
	・衣服をたたむ						
	・脱いだものをかごに入れる						
排泄	・濡れたことを伝える						
	・一人でトイレに行く						
	・衣服を汚さずに排せつする						
	・トイレットペーパーを正しく使う						
	・衣服を整える						
	・水を流す						
	・スリッパをそろえる						
	・男子はおしりを出さずに排尿する						
	・便器に座って排尿する						
	・エプロンをつける						
	・配ぜんの順番を座って待つ						
	・適量を配ぜんする						
	・牛乳パックのストローを穴に差し込む						

※詳細版がダウンロードできます。

■指導の手立てを考えよう

　身辺処理などの生活習慣はすぐに身につかないため、「できる」「できない」「できそう」を見極め、達成しやすい目標を設定することが重要です。実態を理解せずに指導すると、できない経験が増え、過度な手伝いで依存が強まる可能性があります。「課題分析」を活用して3段階評価を行い、適切な支援方法を検討しましょう。

　例えば、指導目標を「ボタンをとめる」とした場合、課題分析で「穴から出てきたボタンをつまみ出す」を「できそう」と評価し、教師がシャツの前立てを押さえるサポートを行います。このように、習得状況に応じた具体的な支援で、目標達成に向けた効果的な指導が可能になります。

■指導目標を課題分析してみよう `DL`

課題分析　　（記入例）

指導目標（　制服のボタンをとめる　）　　　　　　　　氏名（　Aさん　）

◎：できる　○：できそう　△：できない

		評価 5／15			備考 手立て等
1	ボタンを右手でつまむ	◎	○	△	
2	前立てを左手でつまむ	◎	○	△	
3	ボタンを穴に入れる	◎	○	△	
4	穴から出てきたボタンをつまみ出す	◎	○	△	教師が前立てを押さえた状態で、ボタンをつまみ出すことから練習する
5	前立てを引っ張る	◎	○	△	
6					
7					
8					
9					
10					

※詳細版がダウンロードできます。

■家庭との連携を図ろう

　家庭生活に結びつく目標を保護者や本人のニーズに基づいて設定することで、学校と家庭の連携が深まり、指導効果が高まります。学校での「〜ができましたよ」だけでなく、家庭でも実践できる方法を提案することで、学んだスキルを家庭生活に活かしやすくします。例えば、着替えの手順カードを家庭に持ち帰り、家庭でも練習してもらう方法があります。また、家庭のやり方を学校の指導に取り入れることで、一貫したサポートを提供し、子どもの成長を促進させましょう。

■家庭との連携方法を検討してみよう

	本人・保護者のニーズ 家庭でのやり方	学校での支援方法
着替え		
荷物の準備・片付け		
食事		
排せつ		

◆共通理解して取り組めそうな内容

> 実態

　帰りの支度で、持ち帰るものを鞄に入れるとき、途中で何を取りに行っていたのかがわからなくなり、教師の手助けが必要な子どもがいます。

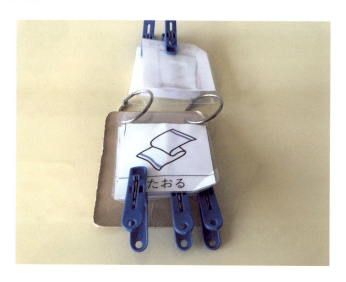

> 授業内容 「自分でかばんに荷物を入れよう（手順カード）」

　かばんに何をどの順番に入れるかがわかるように手順カードを用意しました。手順カードは、子どもの理解に応じて、持ち帰るものを一つずつイラストで提示するようにしました。

　最初は手順カードの使い方を教えるために、教師が1枚ずつめくってみせて、次にとってくるものを指示し、徐々に子どもがめくるようにしていきました。2枚同時にカードをめくってしまうことがあったので、1枚ずつめくりやすくするために、洗濯バサミを付けました。指導の結果、自分で間違えずに荷物を取ってくることができるようになり、「できた」と自信をもって報告できるようになりました。

（執筆者：滝澤健）

実態

登校後、朝の準備で何から手をつけてよいかわからず、時間がかかってしまう子どもがいます。

授業内容 「自分で朝の準備をしよう」

登校後、朝の準備を自分で行うことをねらいにイラストカードを用いました。子ども達は登校すると、連絡帳を指定の場所に出したり、着替えをしたりするなど、やることがいくつかあります。

そこで、視覚的に見通しをもてるようにイラストカードを2種類用意しました。手順を一覧で提示してわかるものと、一つ一つカードをめくっていくものです。子どもによって準備の過程を全部見せた方がわかりやすい場合もありますが、情報が多すぎると混乱してしまうこともあります。子どもに合わせた視覚支援が大切だと考えます。どちらか選択できるようにすることで、子ども達は見通しをもって自分で準備をするようになりました。

(執筆者：武井恒)

実態

　手洗いの効果に気づいていない子どもが多く、雑な手洗いをしてしまう様子が見られます。

授業内容 「手洗い名人になろう」

　最初に手にブラックライトを当て、汚れや細菌がいないかどうかを確かめました。全員の手に点々が表れ、汚れや細菌が付着していることがわかり、手洗いをすることの必要性に繋げました。

　次に、正しい手洗いの歌を紹介しました。この歌に合わせて手洗いの真似をしたり、手洗いをしたり、歌ったりする活動を行い、子ども達は正しい手洗いの仕方を身につけました。正しい手の洗い方とは、①お願いのポーズ②カメのポーズ③お山のポーズ④オオカミのポーズ⑤バイクのポーズです。

　最後に、手洗いをした後にハンカチで拭くことや、ズボンのポケットにハンカチを常備しておくことの大切さについて子ども達に伝えました。

（執筆者：奥山俊志哉）

実態

給食に苦手意識を強くもっている子どもが多く、メニューによって食べられるものがないとパニックになってしまいます。

授業内容　「自分で調節！安心して給食を食べよう」

給食では、配膳を各自で行い「普通です」「半分にしてください」「一口にしてください」など、自分で食べられる量に調節できるように取り組んでいます。子どもによって食べられない献立の場合には保護者や本人と相談した上で弁当を持参しています。「食べられると思っていたがやっぱり無理だった」時のためのレトルトカレーやふりかけ、パックご飯等を常備しています。全く食べられないという不安がなくなったことで、給食への苦手意識が軽減し、落ち着いて給食を楽しめるようになり、苦手なメニューにも挑戦する様子が見られるようになりました。

（執筆者：keika）

生活単元学習の授業づくり

── 学習指導要領解説の留意事項を確認しよう！──

> **目標** 生活単元学習は、児童生徒が（ ① ）の目標を達成したり、課題を解決したりするために、一連の活動を（ ② ）に経験することによって、自立や社会参加のために必要な事柄を（ ③ ）に学習するものである。
> 生活単元学習では、広範囲に各教科等の目標や内容が扱われる。
> ※『特別支援学校学習指導要領解説（各教科等編）P.32』

答え
①生活上　②組織的・体系的　③実際的・総合的

　生活単元学習では、各教科の内容を寄せ集めたものではなく、実際の「生活」に取り組むことを重視します。子どもが「やってみたい」と思うことを大切にし、「収穫した野菜でカレーを作ろう」「歓迎会を開こう」など、生活上の目標や課題を設定します。この目標を達成するために、計画から振り返りまでの活動を通じて、結果的に各教科の内容を学べるようにします。例えば、「歓迎会を開こう」という単元を通じて、1年生と仲良く遊ぶことで「生活科」の学びが深まり、招待状を書くことで「国語」の力が育まれるといった具合です。

指導内容の寄せ集めではない

結果的に各教科等の内容が身に付く

■指導計画の作成に当たって考慮する点

①単元は、実際の生活から発展し、児童生徒の知的障害の状態や**生活年齢**等及び**興味や関心**を踏まえたものであり、**個人差の大きい集団**にも適合するものであること。

②単元は、必要な知識・技能の獲得とともに、生活上望ましい習慣・態度の形成を図るものであり、**身に付けた内容が生活に生かされるもの**であること。

③単元は、児童生徒が目標をもち、見通しをもって、単元の活動に積極的に取り組むものであり、**目標意識や課題意識を育てる活動**を含んだものであること。

※指導要領解説 P.32 〜 33 より一部抜粋

■キーワードをもとに単元設定を考えてみよう

単元名	例)「春を探そう」※子どもが主語

①興味関心、個人差の大きさへの対応
例) どの児童も好む活動として、校内を歩く

②身に付けた内容を生活に生かす
例) 植物や生き物の名前を知ることで語彙を広げる

③目標意識や課題意識
例) 花を探してチェック表に記録することで課題意識をもたせる

■指導計画の作成に当たって考慮する点

④単元は、一人一人の児童生徒が力を発揮し、**主体的に取り組む**とともに集団全体で単元の活動に**協働して取り組めるもの**であること。

⑤単元は、各単元における児童生徒の目標あるいは課題の達成に必要かつ十分な活動で組織され、その一連の単元活動は、児童生徒の**自然な生活としてまとまりのあるもの**であること。

⑥単元は、児童生徒がいろいろな単元を通して、**多種多様な経験**ができるように計画されていること。

※指導要領解説 P.32 ～ 33 より一部抜粋

■キーワードをもとに単元設定を考えてみよう

④主体的に、協働して取り組める
例）校内散策ではペアを組んで活動に取り組む

⑤自然な生活としてのまとまり
例）探してきた春の花や生き物を題材に掲示物をつくる

⑥多種多様な経験
例）他の季節も同様の学習活動を計画し、季節を感じられるようにする

■主な学習活動の設定と評価

　単元設定の後は、目標達成に向けた「学習活動」と、子ども達の具体的な学びの姿を検討します。単元テーマを達成するために必要な主な学習活動を設定し、その中で子ども達がどのように思考し、行動するかを考えます。また、各教科の目標や内容（個別の指導計画）との関連を明確にし、単元終了後の評価に活用できるようにします。

単元テーマ	春を探そう	
主な学習活動	具体的な学びの姿	各教科等との関連
春に関する絵本を読む	絵本の読み聞かせで知っている花や虫の名前を答える。	国語（知識・技能）
校内散策して花や虫を探す	友達と協力してリストカードを手がかりに花や虫を探す。	生活（生命・自然）
春に関する作品を作る	はさみとのりを使って花の掲示物を作る。	図画工作（表現）

■主な学習活動と各教科等との関連を考えてみよう

単元テーマ		
主な学習活動	具体的な学びの姿	各教科等との関連

参考文献：特別支援学校学習指導要領解説 各教科等編（小学部・中学部）

> 実態

行事に見通しをもつことが苦手で、自分のことばかりに目を向けて相手意識をもちにくい子ども達が多い学級です。

> 授業内容　「運動会をがんばろう」

運動会をテーマに、活動内容や行事当日の見通し、練習への意欲を高めることを目標に単元化しました。まずは、導入で昨年度の運動会の様子をビデオで振り返り、今年も運動会の練習が始まることやどれだけ練習期間があるのかを意識づけました。

主な学習活動は、運動会のテーマソングを歌ったり、応援グッズを作ったりすること、案内ポスターを作っておうちの人にお知らせすることでした。これらの活動を通じて、練習への意欲だけでなく、他の学年の友達を応援することや、おうちの人に「自分たちのがんばりを見せたい」という相手意識を育てることができました。

（執筆者：滝澤健）

実態

　細かい作業が苦手で、季節の行事の制作をする際に時間がかかってしまう子どもがいます。

授業内容　「節分の鬼を作ろう」

　季節の行事単元に取り組む際、様々な制作をすることがあります。手先が不器用な子どもでも、簡単に取り組めるように節分の鬼のオブジェを作りました。用意するものはペットボトル、花紙、画用紙です。

　まず、花紙の色を決め、ペットボトルに押し入れていきます。次に、画用紙を切り取り、ペンで模様や顔を描いたら、ペットボトル鬼の完成です。子どもに応じて、シールを使うこともあります。同じ素材を使っても、子どもによって個性が出ます。教室や廊下に飾った後は、ボーリングゲームなどをして楽しみました。

　季節を感じて楽しむためには、気候、食べ物、行事など様々な方法がありますが、制作を取り入れることも一つの手段です。

（執筆者：武井恒）

実 態

　自己肯定感が低く、見通しがもてない活動や、今までに経験がなかった活動に対して不安感をもつ子どもが多い学級です。

授業内容　「オンライン工場を見学しよう」

　工場とそれぞれの生徒のiPadをZoomでつなぎ、オンライン工場見学をしました。ポテトチップスに使われているジャガイモづくりの様子や、ポテトチップスを製造している工場の中の様子（実況生中継あり）を見せていただきながら、見学者が参加できるクイズや質問コーナーなどを通じて、工場の方たちとやりとりをしました。

　生徒にとってiPadの画面を通じてクイズに答えたり、質問したりという経験は初めてのことでしたが、操作方法を覚えると戸惑うことなく、画面をよく見て参加している生徒が多かったです。

　事前学習から掲示物づくりまで、興味をもって取り組むことができました。

（執筆者：みとい）

実態

　手先が不器用で折り紙の角と角を折ることが難しい子どもが多い学級です。

協力してコスモスを折っている様子

折り染めをしている様子

授業内容　「9月の掲示を作ろう!」

　毎月廊下の壁面を作っています。活動前は季節の話をして、関連するものの名前を学習しています。9月は、秋をテーマに「コスモス」と「赤とんぼ」を制作しました。折り紙で「コスモス」を制作した際は、折り紙の端と端に印をつけることで、手先に不器用さがある子どもでも、楽しく手先の巧緻性を高められるようにしました。また、教師が近くで実際にやってみせた支援も効果的でした。折り染めの活動では、色を選んだり、力の入れ方を考えたりできるように工夫しました。年間を通した壁面制作によって、季節の移り変わりや行事などを学ぶことができ、日々の生活がより豊かになっています。

（執筆者：ゆきか）

CASE

遊びの指導の授業づくり

――学習指導要領解説の留意事項を確認しよう！――

> **目標** 遊びの指導は、主に小学部段階において、遊びを学習活動の中心に据えて取り組み、（ ① ）を活発にし、（ ② ）を促し、意欲的な活動を育み、心身の発達を促していくものである。
>
> 特に小学部の就学直後をはじめとする低学年においては、幼稚部等における学習との関連性や発展性を考慮する上でも効果的な指導の形態となる場合がみられ、義務教育段階を円滑にスタートさせる上でも計画的に位置付ける工夫が考えられる。
>
> 遊びの指導では、（ ③ ）科の内容をはじめ、体育科など各教科等に関わる広範囲の内容が扱われ、場や遊具等が限定されることなく、児童が比較的（ ④ ）に取り組むものから、期間や時間設定、題材や集団構成などに一定の条件を設定し活動するといった比較的（ ⑤ ）が高い遊びまで連続的に設定される。
> また、遊びの指導の成果を各教科別の指導につながるようにすることや、諸活動に向き合う意欲、学習面、生活面の基盤となるよう、計画的な指導を行うことが大切である。
> ※『特別支援学校学習指導要領解説（各教科等編）』P.32

> **答え**
> ①身体活動　②仲間とのかかわり　③生活　④自由　⑤制約性

■子どもの遊びや社会性の発達段階を知ろう

　遊びの指導では、遊びを学習活動の中心に置き、子どもの身体活動や仲間とのかかわり、意欲的な活動、心身の発達を促します。子どもが遊びに夢中になれるように、遊びに関する実態を把握した上で、場の設定や教師のかかわり方、遊具等の工夫が必要です。

　子どもが夢中になれる遊びの種類は一人一人異なります。外で体を動かすことを好む子どももいれば、机上の遊びを好む子ども、自由に遊ぶのが苦手な子どももいます。また、一人で感覚刺激を楽しむ段階から、並行遊びができる段階、ふり遊びや見立て遊び、ルールのある遊びができる段階まで、社会性の発達段階も異なるため、個々の実態を的確に把握することが重要です。

■学級の児童の遊びやかかわりに関する実態把握をしよう

氏名	遊びの様子	かかわりの様子（社会性）
Ａ児	水や砂を触ることが好き。	服がぬれると教師に近づくが、その他は他者とかかわらず一人で遊ぶ。

■学級の実態差に応じた遊びのテーマを考える

　遊びや仲間とのかかわりの実態を把握した上で、子どもが夢中になれる遊びのテーマを考えます。学級内に実態差がある場合も、全員が楽しめるよう工夫が必要です。例えば、粘土遊びをテーマとする場合、粘土を使った様々な遊びを想定し、子どもの反応を予測して複数の活動を用意します。また、仲間とのかかわりを促すために、順番で取り組む活動や道具を共有する場面を設けるなど、協力や交流が自然に生まれる工夫も事前に計画しておきます。

■遊びのテーマに沿って学習活動を設定しよう

単元名	（例）粘土遊びをしよう		
氏名	スライム粘土で感触を楽しむ	小麦粉粘土に色を付けて混ぜる	小麦粉粘土を棒で伸ばし、型抜きをする
A児	○	△力が弱そう	△力が弱そう
B児	×感覚が苦手そう	×	△道具なら大丈夫？
C児	○	○	○作品が作れそう

単元名			
氏名			

■ 子どもが主体的に遊べる環境を設定する

　子どもの意欲的な活動を育むには、子どもが主体的に遊べる環境設定が重要です。環境設定には、遊びの場の配置、教師の立ち位置、遊具や道具の配置が含まれます。遊びをできる限り制限せずに、子どもが夢中になれるよう、安全面と衛生面に配慮することがポイントです。これにより、子どもが自ら環境に働きかけ、主体的に遊びへ取り組む姿勢が育まれます。

■ 遊び場のレイアウトを考えよう

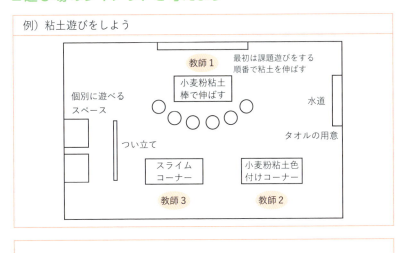

実態

　普段の休憩時間は、教室内をウロウロと歩きまわることが多く、指先を使って感触を楽しみながら遊ぶ経験が少ない子どもがいます。

授業内容　「粘土で遊ぼう」

　手や指をしっかり使って遊ぶ経験を増やすために、粘土を題材にした遊びを設定しました。授業の前半は、学級の子ども全員で順番に粘土を触る（手のひらで棒状にのばしたり、ちぎったりする）課題遊びを行い、後半は自由遊びを設定しました。課題遊びでは、友達が遊ぶ様子を見て、同じように真似してやってみる子どももいました。

　自由遊びでは、感触の異なる3種類の粘土（紙粘土、小麦粉粘土、スライム粘土）を用意しました。スライム粘土を触るのが苦手な子どもには、ジップロックの中に入れたものを用意しました。スライムが手につかなくなり、自分から触って感触を楽しめるようになりました。

（執筆者：滝澤健）

実態

　力を調整したり、予測して物事を考えたりすることが苦手な子がいます。

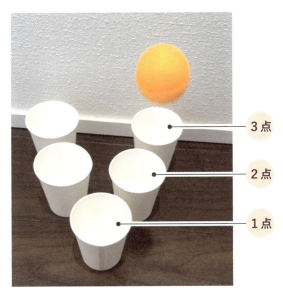

授業内容　「紙コップで遊ぼう」

　紙コップは、手軽に手に入る身近な素材です。紙製なので、操作がしやすく安全です。積み上げて紙コップタワーを作ったり、入れ物としておもちゃを入れたりして遊ぶことができます。また、バウンドさせたピンポン玉を指定の紙コップ（点数で分ける）に入れる遊びも面白いです。子ども達は、力を調整しながら、バウンドさせる位置を考えてピンポン玉を投げます。紙コップにピンポン玉が入ると盛り上がります。点数を競い合って遊ぶこともできます。何度も挑戦する中で、次第に力を調整したり、ボールの動きを予測したりするようになります。紙コップは、アイディア次第で様々な遊びの広がりが見られる素敵な教材です。

（執筆者：武井恒）

> 実態

同学年ですが、皆発達段階の違う子ども達です。全員で活動する際は、それぞれに合った課題や遊びに取り組む必要があります。

> 授業内容 「風船あそび（ルールの理解、視覚、力加減）」

クラスの友達と一緒に風船を叩いて浮かせ、床に落ちないようにします。クラスでは、何回続くかチャレンジをしました。教師も一緒に取り組みました。時間を区切って、何回続くかチームで競う方法もあります。

風船を落とさないというルールの理解、風船を見る力、風船を叩く力加減の調整、風船を叩く方向のコントロールなど、子どもに応じた様々な課題に対して遊びを通じて取り組むことができました。特に風船をあまり見ない子どもがいたので風船を見るように言葉かけや指さしをして支援しました。少しずつできるようになっていく様子が見られました。

（執筆者：笑実）

実態

教師を介して友達と遊んだり、教師と遊んだりすることは多い一方、友達同士で遊ぶことは少ない学級です。

授業内容 「ボウリング遊び」

まず、授業が終わってからも子ども同士で遊ぶことができるように2Lのペットボトルを使用してボウリングのピンを手作りしました。その際、倒れたことがわかるようにキャップ付近に鈴を付けました。ボウリングのルールやゲームの進め方を確認し、ボウリング大会を運営するための役割を一人ひとりに与えることで、教師の少ない介入で、ボウリング大会を友達と協力して進めることができました。ボウリング大会を運営することを通して、余暇活動などの時間に友達同士で遊ぶ際のルール作りや、友達と協力をして遊ぶことの楽しさに気づけるように工夫をしました。

（執筆者：Mon）

作業学習の授業づくり

―― 学習指導要領解説の留意事項を確認しよう！――

目標 作業学習は、作業活動を学習活動の中心にしながら、児童生徒の（ ① ）を培い、将来の（ ② ）や（ ③ ）に必要な事柄を総合的に学習するものである。

とりわけ、作業学習の成果を直接、児童生徒の将来の進路等に直結させることよりも、児童生徒の（ ① ）を培いながら、将来の（ ② ）や（ ③ ）に向けて基盤となる資質・能力を育むことができるようにしていくことが重要である。

作業学習の指導は、中学部では（ ④ ）科の目標及び内容が中心となるほか、高等部では職業科、家庭科及び情報科の目標及び内容や、主として専門学科において開設される各教科の目標及び内容を中心とした学習へとつながるものである。

作業学習で取り扱われる作業活動の種類は、農耕、園芸、紙工、木工、縫製、織物、金工、窯業、セメント加工、印刷、調理、食品加工、クリーニングなどのほか、事務、販売、清掃、接客なども含み多種多様である。
※『特別支援学校学習指導要領解説（各教科等編）』P.33

答え
①働く意欲　②職業生活　③社会自立　④職業・家庭

■作業学習の特徴

　作業学習は、知的障害のある生徒を対象とした「各教科等を合わせた指導」の指導形態の一つで、作業活動が学習活動の中心に設定されます。具体的な学習の流れは、「企画・計画」⇒「試作」⇒「生産・販売」⇒「成果の確認・反省」等の展開が考えられます。このような学習の流れを一定期間、継続的に取り組むなかで、職業生活や社会生活に必要な事柄を総合的に学習し、働く意欲を高めることがねらいとなります。

　中学部では職業・家庭科、高等部では職業科、家庭科の目標及び内容が中心に扱われますので、特別支援学校の学習指導要領で確認しておきましょう。

■職業・家庭科の目標及び内容を見てみよう（一部抜粋）

職業・家庭科（中学部）	
目標	生活の営みに係る見方・考え方や職業の見方・考え方を働かせ、生活や職業に関する実践的・体験的な学習活動を通して、よりよい生活の実現に向けて工夫する資質・能力を育成する。
内容	〈職業分野〉 「職業生活」働くことの意義、職業 「情報機器の活用」コンピュータ等の情報機器の初歩的な操作 「産業現場等における実習」職業や進路に関わること 〈家庭分野〉 「家族・家庭生活」自分の成長と家族、役割、余暇 「衣食住の生活」食事、調理、衣服の着用と手入れ、快適な住まい方 「消費生活・環境」身近な消費生活、環境への配慮　等

■作業学習の指導に当たって考慮する点

- 児童生徒にとって**教育的価値の高い作業活動等**を含み、それらの活動に取り組む意義や価値に触れ、**喜びや完成の成就感が味わえること**。

- **地域性に立脚した特色をもつ**とともに、社会の変化やニーズ等にも対応した永続性や教育的価値のある作業種を選定すること。

- 作業製品等の**利用価値が高く**、生産から消費への流れと社会的貢献などが理解されやすいものであること。

- 作業内容や作業場所が安全で**衛生的、健康的**であり、**作業量や作業の形態、実習時間及び期間**などに適切な配慮がなされていること。

※指導要領解説 P.34

■ポイントに沿って作業活動を考えてみよう

喜びや完成の成就感を味わうための設定は？（使った人から感想を聞く等）

地域性に立脚した特色（生徒が日常でよく目にする製品か？）

利用価値が高いもの（実際の生活に役立つ製品であるか？）

衛生・健康面への配慮（作業量や作業時間は適切か？）

■作業学習の指導に当たって考慮する点

- 個々の児童生徒の実態に応じた**教育的ニーズ**を分析した上で、**段階的な指導**ができるものであること。

- 知的障害の状態等が多様な児童生徒が、**相互の役割等**を意識しながら**協働して取り組める作業活動**を含んでいること。

※指導要領解説 P.34

■作業活動の工程を分析して担当する生徒を考えてみよう

作業活動	（例）紙すき　はがきづくり		
	作業工程	生徒	手立て等
1	牛乳パックを解体する	A・B	二人で協力
2	コーティングをはがす	C	はがしやすいように切り込みを入れておく
3	細かくちぎる	C・D	大きさがわかる見本提示
4	ミキサーで混ぜる	E	タイマーを使用
5	型に流し込み成形する	E	写真の手順書を使用
6	アイロンで水分を抜く	A・B	二人で協力

作業活動			
	作業工程	生徒	手立て等
1			
2			
3			
4			
5			
6			

実態

作業活動の途中で教師に話しかけたり、手が止まったりして集中して持続的に取り組むことが難しい生徒がいます。

授業内容 「紙すきではがきを作ろう」

紙すき作業の工程は、①牛乳パックをはさみで解体する②ポリエチレン部分をはがし、細かくちぎる③ミキサーにかける④型枠に流し込み成形する⑤アイロンで圧縮し干す、です。

対象生徒は③の工程を担当しました。細かくちぎるときに、手が止まることがありました。活動の見通しがもちにくいと考えて、ちぎる大きさや材料がなくなると終わりであることが目で見てわかるように補助具を工夫しました。結果、作業活動のスピードが上がり、作業を終えると自信をもって教師に報告できることが増え、作業途中でのおしゃべりもほとんどなくなりました。

（執筆者：滝澤健）

実 態

　数を数えたり、ものをまとめたりすることが苦手な生徒がいます。そのため、一人での作業が難しくなります。

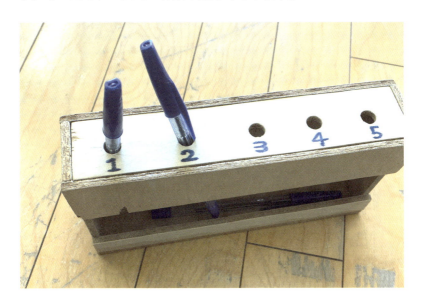

授業内容　「棒挿しで数をまとめよう」

　作業学習では、様々な道具を扱ったり、一人で作業を行ったりする場面があります。ですが、不器用であったり、数の理解が不十分であったりする場合、作業が滞ってしまいます。そのような場面で必要なのが、作業や加工を補助するための道具です。これをジグと言います。例えば、ボールペンを組み立てて5本にまとめる場合、5という数字がわからなくても、「穴の空いた箱にボールペンを挿し終わったらまとめます」という指示で、一人で作業できることもあります。他の作業場面でも、見てわかる工夫をすることで作業が効率化され、見通しをもって取り組むことができます。将来的には、このようなジグがなくても作業できるようになっていきます。

（執筆者：武井恒）

> 実態

　初めて工作班になった生徒が多いグループで、用具の使い方に不慣れな様子がみられました。

> 授業内容　「安全で丁寧なものづくり」

　5月に工作班のメンバーが決定し、11月の販売会に向けて製品を作ることを目標にしました。木工は、糸鋸などの道具や機械を使うため、安全面の配慮は必須です。安全面や使い方の指導はもちろん、使用時の長袖着用などを徹底しました。生徒達は木や機械、道具に週3日触れながら、使い方やコツを獲得していきました。最初は木をうまくカットできず、四角の端材がたくさん出てしまいました。何か活用できないかと考え、その端材を丹念に磨き、積み木（ドミノ）にすることにしました。形は不揃いですが肌触りが良く、扱いやすいサイズで、最終的に販売会で販売することができました。

（執筆者：のんちゃん）

実態

作業工程が多いと、製品を作るのが難しい生徒がいます。

完成！

紙の色や大きさによって作成することが可能！

授業内容 「作業（職業）・手作り緩衝材を作ろう！」

　作業工程が多い製品を作ることが難しい生徒を対象に、商品を包む際の緩衝材の作成を作業内容に設定しました。作り方は、①不要になった紙（個人情報が掲載されていないかどうか事前に確認してください）をシュレッダーにかけて裁断②裁断した紙をビニール袋に入れる③セロハンテープ（マスキングテープでも可）を止めて完成、となります。

　本授業は、作業班販売会の準備の一環で作成を行っています。緩衝材を使う方々のことを思って一つひとつ丁寧に作成する様子が見られました。当日の作業班販売会では、手作り緩衝材を袋の底に入れて製品が動かないようにしたり、緩衝材と緩衝材の間に製品を挟んだりと活用することができました。

（執筆者：空に架かる橋Iメンバー）

> 実態

　会話のできる生徒は少ない一方、写真カードやイラストなどで理解のできる生徒が多いグループです。

> 授業内容　「リサイクル活動（ペットボトル）をしよう」

　リサイクルは各家庭でも行っている活動です。その中からペットボトルのリサイクル活動を設定しました。リサイクル活動の一連の流れを一人でできるように繰り返し取り組みました。手順は、①キャップとり②ラベルはがし③水洗い④潰す、です。

　「キャップとり」「ラベルはがし」は、それぞれゴミ袋にも見本を一つ貼って、入れる場所が見てわかりやすいようにしました。「水洗い」は流しが混んでいるときに待つことも学習の一つとして取り組みました。水の好きな生徒もいて、楽しみながら取り組める活動になっていました。「潰す」は立つ、座るなど生徒それぞれがやりやすい方法を見つけて取り組みました。教室内の配置を工夫して順番に回っていけるようにしました。

（執筆者：笑実）

実態

会話のできる生徒は少ない一方、写真カードやイラストなどで手順などを理解できる生徒が多いグループです。

授業内容 「メモ帳を作ろう」

販売学習に出すメモ帳を分担作業で作成しました。それぞれの生徒が得意な作業や好きな作業を担当するようにしました。「紙を1／2に切る」「10枚束ねてクリップで止める」「10枚の束を5つ集める」「のり付けする」の各担当を作って取り組みました。数えることが難しい生徒は、牛乳パックのBOXに入れることで「10枚束ねてクリップで止める」「10枚の束を5つ集める」をできるように工夫しました。繰り返し取り組む中でうまく器具を操作できなかった生徒も少しずつできるようになり、自信をもてるようになりました。

YouTubeで「メモ帳の作り方」で検索するとたくさんの作り方動画が出てきますので、良ければ活用してください。

（執筆者：笑実）

CASE

国語科の授業づくり

―― 学習指導要領で目標を確認しよう！――

小学校学習指導要領　教科の目標

言葉による見方・考え方を働かせ、（ ① ）を通して、国語で正確に理解し適切に表現する資質・能力を次のとおり育成することを目指す。

（1）（ ② ）に必要な国語について、その特質を理解し適切に使うことができるようにする。

（2）（ ② ）における人との関わりの中で（ ③ ）力を高め、思考力や想像力を養う。

（3）言葉がもつよさを認識するとともに、（ ④ ）を養い、国語の大切さを自覚し、国語を尊重してその能力の向上を図る態度を養う。

特別支援学校学習指導要領　小学部　教科の目標

言葉による見方・考え方を働かせ、（ ① ）を通して、国語で理解し表現する資質・能力を次のとおり育成することを目指す。

（1）（ ② ）に必要な国語について、その特質を理解し使うことができるようにする。

（2）（ ② ）における人との関わりの中で（ ③ ）力を身に付け、思考力や想像力を養う。

（3）言葉で伝え合うよさを感じるとともに、（ ④ ）を養い、国語を大切にしてその能力の向上を図る態度を養う。

答え
①言語活動　②日常生活　③伝え合う　④言語感覚

■大切にしたい授業づくりの視点
⇒すべての学習の基礎となる「伝え合う力」

　児童・生徒が将来の自立と社会参加に向けて、「生きる力」を育むために、「伝え合う力」は重要です。

　伝え合う力を身に付け、高めるためには、周りの人との関係の中で、言葉を通して理解したり表現したりする必要があります。

　伝え合う力の基礎となる力として、次の4つの力が考えられます。

● ①聞く力　②話す力　③書く力　④読む力

　特に、大切な力は「聞く力」です。知的障害のある児童が国語を獲得する過程では、「聞くこと」を重視しているため、「話すこと」よりも先に位置付けられています。

■国語科の内容をもとにして、学級の子どもの得意（好き）や苦手をまとめてみよう

氏名	
国語科の内容	
1）聞く　2）話す　3）書く　4）読む	
得意	
苦手	
目標	

実態

教師の話や放送などを聞くことが苦手な子どもがいます。必要な情報を選択して聞き取ることが難しいです。

スリーヒントかるた（学研）

授業内容 「スリーヒントかるた」

聞くことが苦手な理由は様々あります。聴覚過敏があり、特定の音や声が苦手な場合や選択的に音を聞き取ることが苦手な場合などです。まずは、苦手さの理由を探ることが大切です。

例えば、スリーヒントかるたを使用して、「最後まで意識して聞くこと」をねらいとします。聴覚情報を限定して順番に提示することで、聞く状況をつくります。子ども達は、3つのヒントを1つずつ聞いて、正解を導きます。できるようになったら、今度は問題文づくりに取り組みます。問題文では、情報を分解し、整理して3つのヒントをつくります。その過程の中で、相手に聞いてもらう状況を設定します。人とのやり取りの中で、楽しく「聞く」時間を設定することが大切です。

（執筆者：武井恒）

実態

書くことに興味をもち喜んで取り組みますが、字形をとらえることが苦手で、正確に書くことができない子どもです。

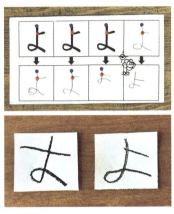
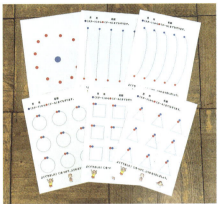

授業内容 「どこを通るかな？（ひらがなを正しく書こう）」

運筆の練習や点つなぎ、なぞり書きなど書くことには喜んで取り組みます。しかし文字を書こうとすると、正しい字形を覚えることができません。そこで、大好きな点つなぎを活用して正しい字形を意識させる取り組みを行いました。

まず、スタートを青、ゴールを赤と色分けしてある点つなぎのワークシートを活用し、青と赤の点を通ることを意識させました。その後、正しい字形で書けるように青や赤でマーキングしたひらがなのなぞり書きを継続することで、正しい字形でひらがなが書けるようになりました。その際、点の位置を意識させる声かけをしました。並行して行ったモールや粘土での文字作りも効果がありました。

（執筆者：手代範子）

実態

　ひらがなの清音は読み書きできますが、文章に濁音が入ると読むことが難しい子どもです。

授業内容　「楽しく濁音」

　清音が表示されるスライドを見て、てんてん棒を当てながら元気に読む課題に取り組みました。自分で濁音をつける動作を楽しみながら、自信のある清音の読みを濁音の読みにつなげました。始めは五十音順に清音を表示し、自信がついてきたらばらばらに表示して読んでいきました。

　また、濁音がつく文字とつかない文字を○×で答える課題や、どこに濁音をつけると正しい言葉になるかのクイズにも取り組みました。濁音に関係した様々な課題を楽しむことで、濁音への苦手意識を克服することができました。

（執筆者：米沢恵）

実態

　物語に興味を示さなかったり、言葉だけで状況をイメージしたりすることが難しい子どもです。

授業内容　「スイミー劇をしよう」

　言葉のみではなかなかイメージが湧きにくかったため、実際に小道具を作ったり、自分たちがなりきってみたりすることで楽しみながら理解を深めていきました。また、「○○のような」「○○みたいに」のような言葉についても、一つひとつ取り上げてどんな動きか考えていきました。理解が深まっていくことで、物語の世界に入り込んでいき、自然とその時の気持ちを想像したり、もし自分だったらなんて声をかけてあげたいか考えたりするなど、ワクワクしながら取り組んでいました。最後は、自分のノートに場面ごとの様子を絵にすることで単元のまとめとしました。

（執筆者：keika）

社会科の授業づくり

── 学習指導要領で目標を確認しよう！──

小学校学習指導要領　教科の目標

社会的な見方・考え方を働かせ、課題を追究したり解決したりする活動を通して、グローバル化する国際社会に主体的に生きる平和で民主的な国家及び社会の形成者に必要な（　①　）としての資質・能力の基礎を次のとおり育成することを目指す。

（1）地域や我が国の国土の地理的環境、現代社会の仕組みや働き、地域や我が国の歴史や伝統と文化を通して社会生活について理解するとともに、様々な資料や調査活動を通して情報を適切に（　②　）技能を身に付けるようにする。

（2）社会的事象の特色や相互の関連、意味を多角的に考えたり、社会に見られる課題を把握して、その解決に向けて（　③　）への関わり方を選択・判断したりする力、考えたことや選択・判断したことを適切に表現する力を養う。

（3）社会的事象について、よりよい社会を考え主体的に問題解決しようとする態度を養うとともに、多角的な思考や理解を通して、地域社会に対する誇りと愛情、（　④　）の一員としての自覚、我が国の国土と歴史に対する愛情、我が国の将来を担う国民としての自覚、世界の国々の人々と共に生きていくことの大切さについての自覚などを養う。

特別支援学校学習指導要領　中学部　教科の目標

社会的な見方・考え方を働かせ、社会的事象について関心をもち、具体的に考えたり関連付けたりする活動を通して、自立し生活を豊かにするとともに、平和で民主的な国家及び社会の形成者に必

要な（ ① ）としての資質・能力の基礎を次のとおり育成することを目指す。

（1）地域や我が国の国土の地理的環境、現代社会の仕組みや役割、地域や我が国の歴史や伝統と文化及び外国の様子について、具体的な活動や体験を通して理解するとともに、経験したことと関連付けて、（ ② ）技能を身に付けるようにする。

（2）社会的事象について、自分の生活と結び付けて具体的に考え、（ ③ ）との関わりの中で、選択・判断したことを適切に表現する力を養う。

（3）社会に主体的に関わろうとする態度を養い、（ ④ ）の一員として人々と共に生きていくことの大切さについての自覚を養う。

答え

①公民　②調べまとめる　③社会　④地域社会

■大切にしたい授業づくりの視点

⇒疑問と予想を考える

　小学校の社会科の授業は、大雑把に言って「○○について考えよう」（疑問）と「○○はなぜだろうか、考えてみよう」（予想）で成立しています。疑問と予想を考えることができない場合、社会に限らず勉強が苦手と感じてしまうかもしれません。疑問を作る場面では、「なぜ？」から始めます。例えば、「なぜ、消防車は赤いのか？」などです。日常生活の中の「なぜ？」を大切にしていきます。

　次に、予想を立てます。思ったことや気付いたことを「もしかしたら、〜かもしれない」と自分なりの言葉で説明します。大切なのは、間違いを恐れずに、考えたことを自分の言葉にすることです。

■社会科の内容をもとにして、学級の子どもの得意（好き）や苦手をまとめてみよう

氏名	
社会科の内容	
ア）社会参加ときまり　イ）公共施設と制度　ウ）地域の安全 エ）産業と生活　　　オ）我が国の地理や歴史　カ）外国の様子	
得意	
苦手	
目標	

【参考】教育つれづれ日誌（増田謙太郎、2014）
https://www.manabinoba.com/tsurezure/20248.html

実態

コロナ禍で地域探検に行けていないこともあり、ふるさとに対しての興味関心が少ない学級です。

授業内容 「和光市でお絵かきしよう!」

社会科で、地域（和光市）について取り扱うための単元全体の導入として、子ども達の興味関心が高まる活動をしたいと考え、実践しました。

最初に、和光市の地図をじっくりと見て、和光市が何に見えるのかを考えました。次に、和光市の地図を渡して見えた形を絵に描いて表現する活動を取り入れました。最後に、描いたものを実際に友達と見せ合うという形式で発表をしました。

子ども達は、和光市が何の形に見えるのか、自身の経験と照らし合わせながら、一生懸命考えていました。オリジナリティー溢れる作品ができて、子ども達はとても楽しそうに、活き活きとした様子でした。

（執筆者：奥山俊志哉）

実態

　書くことに苦手意識があり、欄外や離れたところに書くときに、どこに書いているのかわからなくなってしまう子どもです。

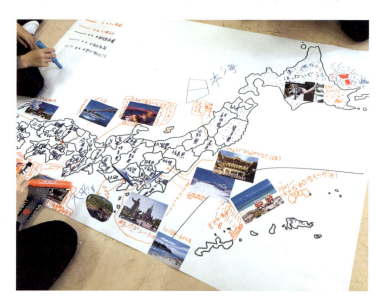

授業内容　「大きく書こう！都道府県」

　都道府県の名称の学習をしていると、県から出ている線の先に回答欄があったり、余白にまとめて回答欄を設けているプリントをよく目にします。こういったプリントだと、今自分がどこの県について書いているのかがわからなくなってしまうことがありました。

　そこで、直接書き込めるよう、大きな紙で取り組むことにしました。都道府県を書き込んだ後に自分が知っている情報（特産品や行った事のある場所）を書き入れていくことで、自分だけのオリジナル日本地図が完成しました。教室に掲示したことで、休みの日に出かけた場所を後から追加したり、これから行ってみたい場所を書き込んだりと思い思いに活用しています。

（執筆者：keika）

授業のアイデアをメモしておこう

CHAPTER 3

▼ 授業づくり

社会科

算数科の授業づくり

―― 学習指導要領で目標を確認しよう！――

小学校学習指導要領　教科の目標

数学的な見方・考え方を働かせ、数学的活動を通して、（　①　）に考える資質・能力を次のとおり育成することを目指す。

（1）（　②　）などについての基礎的・基本的な概念や性質などを理解するとともに、日常の事象を数理的に処理する技能を身に付けるようにする。

（2）日常の事象を数理的に捉え見通しをもち筋道を立てて考察する力、基礎的・基本的な数量や図形の性質などを見いだし統合的・発展的に考察する力、（　③　）を用いて事象を簡潔・明瞭・的確に表したり目的に応じて柔軟に表したりする力を養う。

（3）（　①　）活動の楽しさや数学のよさに気付き、学習を振り返ってよりよく問題解決しようとする態度、算数で学んだことを（　④　）や学習に活用しようとする態度を養う。

特別支援学校学習指導要領　小学部　教科の目標

数学的な見方・考え方を働かせ、数学的活動を通して、（　①　）に考える資質・能力を次のとおり育成することを目指す。

（1）（　②　）などについての基礎的・基本的な概念や性質などに気付き理解するとともに、日常の事象を数量や図形に注目して処理する技能を身に付けるようにする。

（2）日常の事象の中から数量や図形を直感的に捉える力、基礎的・基本的な数量や図形の性質などに気付き感じ取る力、（　③　）を用いて事象を簡潔・明瞭・的確に表したり柔軟

に表したりする力を養う。
（３）（ ① ）活動の楽しさに気付き、関心や興味をもち、学習したことを結び付けてよりよく問題を解決しようとする態度、算数で学んだことを学習や（ ④ ）に活用しようとする態度を養う。

答え
①数学的　②数量や図形　③数学的な表現　④生活

■大切にしたい授業づくりの視点
⇒学びを「実生活に応用」する力

　算数の学びを通じて、子ども達が日常生活の中でどのように数や図形を使うかを理解することが重要です。具体的な場面や問題を通じて学ぶことで、算数への興味を高め、実生活での役立ちを実感できるようになります。

　特に、基礎となるのは「数の三項関係」です。「3（数字）」が「さん（数詞/ことば）」で「●●●（具体物/モノ）」であることがわかることです。この三項関係を理解していないと、数えることができなかったり、モノで見たらどちらが多いかわかるけれど、数字で見たらわからないといった状況になったりします。机上だけでなく、生活場面の中で数を意識して使う状況を作ることが大切になります。

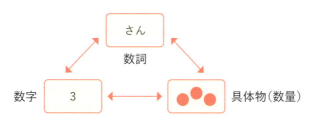

■算数科の内容をもとにして、学級の子どもの得意（好き）や苦手をまとめてみよう

氏名	
算数科の内容	
1）数量の基礎　2）数と計算　3）図形　4）測定 5）変化と関係）　6）データの活用	
得意	
苦手	
目標	

実態

数を数えたり、まとめたり、計算したりするのが難しい子どもです。

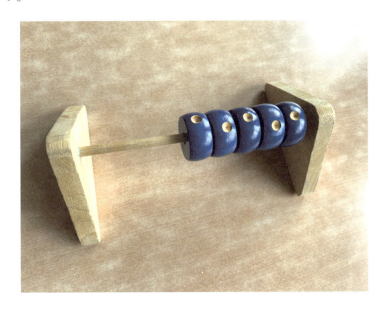

授業内容　「5玉そろばんで数えよう」

　数がわかるためは、数字（3）、数詞（さん）、数量（●●●）の3項が結びついていることが大切です。そのために、一つひとつを対応させながら、数える経験が必要です。例えば、5玉そろばんを使って、玉を一つずつ指で動かしながら数えていきます。玉に凹みをつけたり、シールを貼ったりすると目印となって数えやすくなります。数えられるようになったら、次は数のまとまりを意識できるようにします。「3個動かして」という指示で、3個同時に玉を動かすように促します。徐々に動かす数を増やしていきます。また、そろばんだけでなく、身の回りのものを活用し、色々なもので数に触れていく経験も必要です。

（執筆者：武井恒）

> 実態

10の合成・分解の理解が難しく、また、不器用さもあるので、ブロック操作が苦手でイライラしてしまう子どもです。

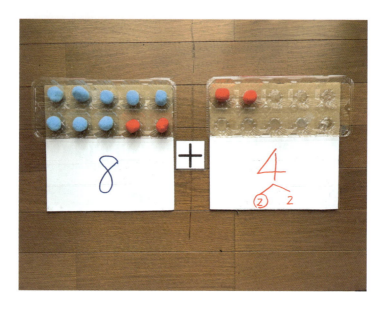

> 授業内容　「さくらんぼ計算に挑戦！」

初めに、「10はいくつといくつ」を理解するための学習ゲーム（トランプやすごろく、カードゲーム等）にたくさん取り組みました。その際、卵パックとフェルトボールを活用して実際に数えることで、数の実感をもって理解できるように工夫しました。

さくらんぼ計算を行う時には、教科書のブロック操作を卵パックとフェルトボールで行い、下のホワイトボードに書かせました。卵パックは10のまとまりをとらえやすく、また、フェルトボールはブロックよりも大きくて柔らかいので不器用な子も安心して操作することができ、さくらんぼ計算の理解につながりました。

（執筆者：手代範子）

実態

角を調べる際に、プリントに書かれた角と定規のどこを合わせて測ればよいかがわからない子どもです。

授業内容 「直角ぴったん」

調べたい図形の辺の外側にビニールテープを貼り、少し段差をつけることで定規が引っかかるようにしました。図形の辺と定規の辺がぴったりくっつくのが、手の感覚でわかるようになります。

「定規がぴったんと動かないときは直角。ぐらぐら動くときや、入らないときは直角じゃない」と、まずは感覚で角を学んでから、図形と定規を合わせて調べることにつなげます。

ビニールテープでは力加減がうまくいかない場合は、調べたい図形に画用紙を切り抜いて貼ると、段差が大きくなるので調べやすくなります。

（執筆者：米沢恵）

> 実態

　大きさや形など、同時に複数の情報を処理することに困難さがあり、できるだけシンプルに授業を進める必要がある子どもです。

> 授業内容　「かずしらべ」

　大きさや形の異なるくだものの数を、同じ種類に分けたり並べたりして調べる学習です。情報をなるべくシンプルにするために、大きさと形が同じカラーおはじきを使って、くだものの数に焦点を置くように工夫しています。

　表面にくだものシールを貼り、裏面にマグネットシールを貼ることで、ホワイトボードの上で具体物を操作しながら数の大小の比較をすることができるようにしました。

　同じ大きさと形のカラーおはじきを並べる体験を通して、ばらばらなものを整理したり同じ色にそろえたりして、数えることのよさに気付くことができました。

（執筆者：あっか）

実態

1～10までは正しく数えることができますが、13以上になると数唱の音声と物を指さしする動作がずれることがある子どもです。

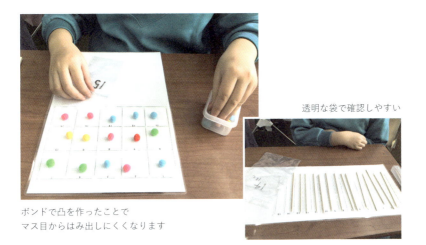

透明な袋で確認しやすい

ボンドで凸を作ったことで
マス目からはみ出しにくくなります

授業内容　「15までの数を数えて、袋に入れよう」

　これまでの学習では、10までの数を数えて、具体物（フェルトボールやキャンディ等）を指定された個数分、袋に入れることができるようになりました。しかし、15までの数となると、マス目が小さくなり、フェルトボールが1個分のマス目に2個入ってしまう様子が見られたため、マス目の線の上にボンドを塗って乾かし、凹凸を作りました。

　具体物は、フェルトボールやおはじき、ドミノの積み木を数えて袋づめをしました。学校祭の即売で販売するメモ用紙が15枚1セットだったので、マス目にメモ用紙1枚ずつ置き、15枚の束を子どもに数えてもらいました。自分が算数で学習したことを活かす機会ができたことや自分の役割があることで自信に満ちた表情が見えました。

（執筆者：谷本春奈）

CASE

理科の授業づくり

—— 学習指導要領で目標を確認しよう！ ——

小学校学習指導要領　教科の目標

自然に親しみ、理科の見方・考え方を働かせ、（　①　）をもって観察、実験を行うことなどを通して、自然の事物・現象についての問題を科学的に解決するために必要な資質・能力を次のとおり育成することを目指す。

(1) （　②　）の事物・現象についての理解を図り、観察、実験などに関する基本的な技能を身に付けるようにする。

(2) （　③　）、実験などを行い、問題解決の力を養う。

(3) 自然を愛する（　④　）や主体的に問題解決しようとする態度を養う。

特別支援学校学習指導要領　中学部　教科の目標

自然に親しみ、理科の見方・考え方を働かせ、（　①　）をもって、観察、実験を行うことなどを通して、自然の事物・現象についての問題を科学的に解決するために必要な資質・能力を次のとおり育成することを目指す。

(1) （　②　）の事物・現象についての基本的な理解を図り、観察、実験などに関する初歩的な技能を身に付けるようにする。

(2) （　③　）、実験などを行い、疑問をもつ力と予想や仮説を立てる力を養う。

(3) 自然を愛する（　④　）を養うとともに、学んだことを主体的に日常生活や社会生活などに生かそうとする態度を養う。

答え
①見通し　②自然　③観察　④心情

■大切にしたい授業づくりの視点
⇒物事を注意深く「観察する力」

　子ども達が自然や周囲の環境を注意深く観察し、そこから得られる情報を基に考える力を育むことが重要です。観察力は科学的な思考の基盤であり、疑問を持ち、探求する姿勢を育てるための第一歩になります。

　理科では、体験活動（観察、実験）と言語活動を重視します（図参照）。なかでも、観察や実験を問題解決の中核と捉え、意図的かつ目的的な活動にすることが大切です。そのために、具体的な「もの」を用意することが欠かせません。自然や周囲の環境、ものをよく観察し、自分なりの予想や仮説を考える時間を確保したいです。

〈問題解決の過程〉

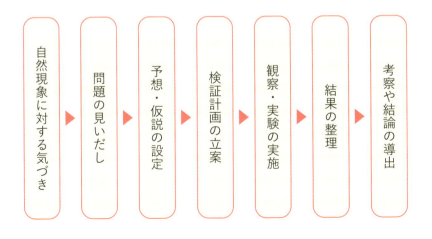

■理科の内容をもとにして、学級の子どもの得意（好き）や 苦手をまとめてみよう

氏名	
理科の内容	
1）物質・エネルギー　2）生命・地球・自然	
得意	
苦手	
目標	

【参考】みんなの教育技術（寺本貴啓、2022）
https://kyoiku.sho.jp/186660/

実態

文章で読んだことを頭の中でイメージすることが難しい子どもです。

授業内容 「ダンボールの翼で風を感じよう」

文章で読んだことを、実生活の場面に結びつけてイメージすることが難しい場合には、五感にアプローチして体験的に学ぶことが効果的です。今回は、風の力の大きさとものの動きとの関係を調べます。帆をつけた車をうちわであおいで実験したり、風の力で動くもの（こいのぼりやヨットなど）にはどんなものがあるかを話し合ったりして学習を進めていきました。よりイメージが深まるように、風の力を自分で体感できる「ダンボールの翼」を作成しました。校庭でダンボール翼を広げて走る実験では、追い風の時は普段よりもぐんぐん進み、向かい風の時は普段のように走るのが難しいということを、自分自身で感じることでイメージを深められました。ダイナミックな活動は安全に気をつけて実施しましょう。

（執筆者：いるかどり）

実態

　理科に苦手意識があり、授業になるとうつ伏せになってしまう様子が見られる子どもです。

授業内容　「ふしぎなブラックボックス」

　「学習内容の理解が難しいことから、特に新しい単元に入る際にひどく意欲が低下してしまう」、そんな時は心に響く、記憶に残る導入から始めてみると効果的かもしれません。今回は、ものの温度と体積の単元でマジックショーをしました。その一つを紹介します。

　ハテナボックスの中にお湯を入れておきます。スポンジキャップをつけたペットボトルをハテナボックスの中に入れると、ペットボトルの中の空気があたたまり、ポンっと音を立てて飛びます。視覚と聴覚が刺激されて好奇心が高まります。多くの学校では、余剰時数を設定している学校が多いので、単元1時間目の導入として、「0時間目」を設定してみると効果的かもしれません。

（執筆者：いるかどり）

授業のアイデアをメモしておこう

生活科の授業づくり

―― 学習指導要領で目標を確認しよう！――

小学校学習指導要領　教科の目標

具体的な活動や体験を通して、身近な生活に関わる見方・考え方を生かし、（ ① ）し生活を豊かにしていくための資質・能力を次のとおり育成することを目指す。

（1）活動や体験の過程において、自分自身、身近な人々、社会及び自然の特徴やよさ、それらの（ ② ）等に気付くとともに、生活上必要な習慣や技能を身に付けるようにする。

（2）身近な人々、社会及び自然を（ ③ ）との関わりで捉え、自分自身や自分の生活について考え、表現することができるようにする。

（3）身近な人々、社会及び自然に自ら働きかけ、意欲や自信をもって学んだり（ ④ ）を豊かにしたりしようとする態度を養う。

特別支援学校学習指導要領　小学部　教科の目標

具体的な活動や体験を通して、生活に関わる見方・考え方を生かし、（ ① ）し生活を豊かにしていくための資質・能力を次のとおり育成することを目指す。

（1）活動や体験の過程において、自分自身、身近な人々、社会及び自然の特徴やよさ、それらの（ ② ）等に気付くとともに、生活に必要な習慣や技能を身に付けるようにする。

（2）自分自身や身の回りの生活のことや、身近な人々、社会及び自然と（ ③ ）との関わりについて理解し、考えたことを表現することができるようにする。

（3）自分のことに取り組んだり、身近な人々、社会及び自然に自ら働きかけ、意欲や自信をもって学んだり、（　④　）を豊かにしようとしたりする態度を養う。

答え
①自立　②関わり　③自分　④生活

■大切にしたい授業づくりの視点
⇒ 豊かな感情や感覚を養う「活動と体験」

　生活科で大切なことは具体的な活動や体験です。子ども達が実際に様々な活動を通じて学ぶことで、自分自身や周囲の世界についての理解を深めます。体験を通して感覚や感情を伴う学びが促進され、より豊かな学びが実現します。

　ただし、体験だけで終わってはいけません。ねらいを明確にし、複数の教科の目標や内容を組み合わせる合科的な指導も有効です。また、指導の時期や指導方法などについて他教科と関連させる指導も大切になります。

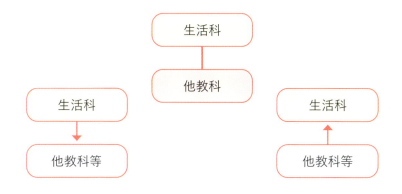

■生活科の内容をもとにして、学級の子どもの得意（好き）や苦手をまとめてみよう

氏名	
生活科の内容	
ア）健康で安全な生活　イ）身近な人々との接し方　ウ）地域への密着 エ）公共の意識とマナー　オ）生産と消費　カ）情報と交流 キ）身近な自然との触れ合い　ク）時間と季節　ケ）遊びの工夫 コ）成長への喜び　サ）基本的な生活習慣や技能	
得意	
苦手	
目標	

【参考】小学校学習指導要領 生活科 改訂のポイントと指導の改善・充実
（独立行政法人教職員支援機構）
https://www.nits.go.jp/materials/youryou/files/008_001.pdf

実態

目で見て観察した植物などを、絵に描いて表現することが難しい子どもです。

授業内容　「あさがおを観察しよう」

生活科の学習で、春に種まきをしたあさがおが綺麗に咲きました。花やつるなどの観察をして、気づいたことを絵や文章でシートに表現しました。絵を描くことに苦手意識のあるAさんは、シートにあさがおを描こうとすると、自分が思っているように描くことができません。そこで、あさがおの写真を撮って印刷をし、印刷した紙は、花びらや葉などパーツごとに切りました。「葉はどのあたりにあったかな？花はどこにあったかな？花びらは何枚あったかな？」など、教師と一緒にあさがおを観察しながら、シートに貼っていくことで活動に参加することができました。観察することはできるけれど、絵にして表現することが難しいという場合には、代替手段として撮ったり貼ったりする活動も効果的なことがあります。

（執筆者：いるかどり）

> 実態

　道路やお店など、自宅や学校以外のことに興味関心をもちにくい子どもです。

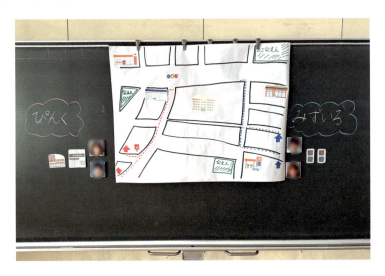

> 授業内容 「まちたんけん～登下校MYルート探検隊～」

　地域の中には横断歩道や信号機、お店や踏切など生活するのに必要なものがたくさんあります。自分の住む地域に興味関心をもちにくく、交通ルールや登校ルートを覚えることが難しい場合には、「暗記させる活動」よりも「興味のあることを取り上げて関心が高まるような活動」を取り入れていくと効果的な場合があります。今回は、自宅と学校が好き、自宅や学校を知っているという強みがあったので、保護者の許可をもらい、学校をスタート→自宅をゴールに設定し、地域探検隊として登下校のルートを探検しました。「赤信号鬼」「しまうま横断歩道」「くまのパン屋さん」など、子ども達が知っている動物などの名称を織りまぜながら探検ができるよう、ワークシートを作成して取り組みました。

（執筆者：いるかどり）

授業のアイデアをメモしておこう

音楽科の授業づくり

―― 学習指導要領で目標を確認しよう！――

小学校学習指導要領　教科の目標

表現及び鑑賞の活動を通して、音楽的な見方・考え方を働かせ、生活や社会の中の（　①　）や音楽と豊かに関わる資質・能力を次のとおり育成することを目指す。

（1）曲想と音楽の構造などとの関わりについて理解するとともに、表したい（　②　）をするために必要な技能を身に付けるようにする。

（2）音楽表現を工夫することや、音楽を味わって（　③　）ことができるようにする。

（3）音楽活動の（　④　）を体験することを通して、音楽を愛好する心情と音楽に対する感性を育むとともに、音楽に親しむ態度を養い、豊かな情操を培う。

特別支援学校学習指導要領　小学部　教科の目標

表現及び鑑賞の活動を通して、音楽的な見方・考え方を働かせ、生活の中の（　①　）や音楽に興味や関心をもって関わる資質・能力を次のとおり育成することを目指す。

（1）曲名や曲想と音楽のつくりについて気付くとともに、感じたことを（　②　）するために必要な技能を身に付けるようにする。

（2）感じたことを表現することや、曲や演奏の楽しさを見いだしながら、音や音楽の楽しさを味わって（　③　）ことができるようにする。

（3）音や音楽に楽しく関わり、協働して音楽活動をする

（　④　）を感じるとともに、身の回りの様々な音楽に親しむ態度を養い、豊かな情操を培う。

答え
①音　②音楽表現　③聴く　④楽しさ

■大切にしたい授業づくりの視点
⇒感覚を活用した音楽体験

音楽は聴覚だけでなく、視覚や触覚も活用しながら、全身で音楽を感じられるようにすることが大切です。例えば、音階を色分けした音符で示したり、リズムパターンを視覚的に示したりすることが考えられます。様々な楽器を使用することで、音の高さや強弱の違いなどを体験できるようにします。楽器を使って音を出すだけでなく、音の振動を直接手で感じて実感することも大切にしたい点です。

また、楽器の音に合わせて体を揺らすことで、速度や拍感から強弱や調子など音楽の流れを体感することが期待できます。さらに、音楽に合わせて決まったポーズを取ることで、体全体で音楽を表現することもできます。その際、音楽が伝える感情（幸せ、悲しみ、興奮など）を感じ取り、それに合わせて表情や動きを変化させる活動を取り入れる工夫も大切です。

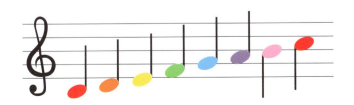

■音楽科の内容をもとにして、学級の子どもの得意（好き）や苦手をまとめてみよう

氏名	
音楽科の内容	
A）表現（歌唱、器楽、音楽づくり）　B）鑑賞 共通事項	
得意	
苦手	
目標	

実態

 階名や音符を読むことが難しく、また、タイミング良く演奏することにも苦手意識がある子どもです。

授業内容 「カラー楽譜」

 ハンドベルの色と音の色を合わせることで、自分の担当している音を視覚的に理解できるようにしています。楽譜を作成するにあたり、文字の幅を変えることで、音の長短を判断できるようにしています。生徒の実態によっては、担当の音の部分だけに色をつけることで鳴らすタイミングを認識できる場合もあるので、個々の実態に合わせて楽譜を用意しています。また、タッチ式ミュージックベルを使うと、楽器を振って鳴らすことが難しい生徒でも、棒の先端を手の平で押すだけで鳴らすことができるので、活動の幅が広がります。鍵盤楽器を扱う際にも同様の色で楽譜を作り、鍵盤にもカラーシールを貼ることでスムーズに演奏できるようになります。

(執筆者：空に架かる橋Ｉメンバー)

実態

音楽への苦手意識があり、活動に参加することが難しい子どもです。

授業内容　「AIを使って作曲に挑戦!」

CREEVO（クリーボ）の「おすすめ作曲」モードを使って作品を作り、作品発表会をしました。歌詞の入力を行うことができれば作品（動画と楽譜）の生成ができます。

ローマ字入力や音声入力、手書き入力など、それぞれの子どもに合った入力の方法を選んだり、AIが作成した候補の中からお気に入りを一つ選んだりすることを通して、自己選択の練習にもなりました。

音源はもちろんのこと、楽譜や動画も自動生成されるので、学年やねらいに応じて、生成した楽譜を使ってシャープ・フラット・リズムの練習をしたり、楽器で演奏したりしても楽しいかもしれません。お楽しみ授業としても使えるかと思います。

（執筆者：空に架かる橋Ⅰメンバー）

実態

楽譜を読むことは難しくても、色やひらがなでの提示があれば、対応する鍵盤を弾くことができるという強みがある子どもです。

授業内容 「キーボードを弾いてみよう」

前期の学習では、旋律の一部分をハンドベルで鳴らしました。キーボードを弾く友達を見て、「弾けるかな」とつぶやいた児童の言葉がきっかけでした。失敗することや注目されることを避ける傾向のある子なので、聞いたことのある曲や短い曲を選曲し、スモールステップで鍵盤を弾く授業計画を立てました。また、「できるまで練習」だと、いつまで練習するのかがわかりにくいので、練習カードに1回練習するごとに花丸を貼り、3回練習する日と発表をする日で視覚的に提示し、見通しをもちやすくしました。

最初は、2小節を1枚に提示しましたが、3曲目は4小節を1枚に提示しても弾くことができました。輪ゴムで留めてめくりやすくしたのも工夫点です。

(執筆者：谷本春奈)

CASE

図画工作科の授業づくり

— 学習指導要領で目標を確認しよう！—

小学校学習指導要領　教科の目標

表現及び鑑賞の活動を通して、（　①　）な見方・考え方を働かせ、生活や社会の中の形や色などと豊かに関わる資質・能力を次のとおり育成することを目指す。

（1）対象や事象を捉える造形的な視点について自分の感覚や行為を通して理解するとともに、材料や用具を使い、（　②　）などを工夫して、創造的につくったり表したりすることができるようにする。

（2）造形的なよさや（　③　）、表したいこと、表し方などについて考え、創造的に発想や構想をしたり、作品などに対する自分の見方や感じ方を深めたりすることができるようにする。

（3）（　④　）喜びを味わうとともに、感性を育み、楽しく豊かな生活を創造しようとする態度を養い、豊かな情操を培う。

特別支援学校学習指導要領　小学部　教科の目標

表現及び鑑賞の活動を通して、（　①　）な見方・考え方を働かせ、生活や社会の中の形や色などと豊かに関わる資質・能力を次のとおり育成することを目指す。

（1）形や色などの造形的な視点に気付き、表したいことに合わせて材料や用具を使い、（　②　）を工夫してつくることができるようにする。

（2）造形的なよさや（　③　）、表したいことや表し方などについて考え、発想や構想をしたり、身の回りの作品などから

192

自分の見方や感じ方を広げたりすることができるようにする。

（3）（　④　）喜びを味わうとともに、感性を育み、楽しく豊かな生活を創造しようとする態度を養い、豊かな情操を培う。

答え

①造形的　②表し方　③美しさ　④つくりだす

■大切にしたい授業づくりの視点

⇒自分で感じたことや考えたことを表現できる「創造性」

　子ども達が自由にアイデアを表現し、試行錯誤を重ねることで、自分の思いや感覚を形にする力を育てることが重要です。この創造性は、自己表現や問題解決能力の向上にもつながります。

　創造性を育むためには、環境づくりが大切です。例えば、テーマを一つに絞らないようにしたり、様々な画材や材料を用意したりすることが考えられます。作品の表現方法も、絵を描くだけでなく、立体作品を作ったり、コラージュをしたりするなど、表現方法を多様化する工夫が大切です。

　これらの表現が認められるためには、違いを認める素地が必要になります。他者の違いをよさとして捉え、その違いから学び合えると表現の幅が広がると考えます。

■図画工作科の内容をもとにして、学級の子どもの得意（好き）や苦手をまとめてみよう

氏名	
図画工作科の内容	
A）表現（造形遊びをする活動、絵や立体・工作に表す活動）　B）鑑賞 共通事項	
得意	
苦手	
目標	

実態

自分の制作したいものをどのように表したらよいかわからず、考え込んで活動の手が止まってしまう子どもです。

モンスターはハロウィンパーティーのお面として活躍しました

授業内容　「わたしだけのハロウィンモンスターをつくろう」

ハロウィンパーティーに向けて、自分の想像するモンスターをつくることを目標に単元化しました。まず、自分の頭で想像しているモンスターを可視化するために、イメージに合う言葉（ふわふわモンスター等）を下絵で表現しました。技法に取り組む前に、下絵にアイデアを描き出したことで、子ども達の思考を整理することができました。次に、イメージに合う技法を使い、モンスターの色や質感を表現しました。技法は、これまでの学習の中で取り組んだことのあるものから、モンスターのイメージに合う技法を子ども達自身が選択しました。自分の思いを表現できたことで、作り出した喜びを感じるとともに、友達の作品のよさや表し方の違いにも気付くことができました。

（執筆者：大沢樹）

> 実 態

　画用紙に絵を描いたり彩色したりすることに抵抗感があり、集中力の持続にも困難さがある子どもです。

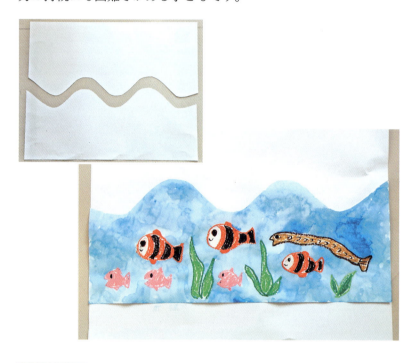

> 授業内容 「なみなみおえかき」

　四つ切サイズの画用紙を波型に半分に切ったものを使い、海の波のイメージをもたせます。次に、海の生き物をクレヨンで描きます。それから、水を多めにした絵の具を用意し、はじき絵になるように彩色していきます。

　画用紙の大きさを四つ切の半分にしたことで、描画や彩色への抵抗感を緩和することができました。また波の形をしていることから想像力がふくらみ、描きたいものをイメージしやすくなっています。教室に何枚か掲示すると、連なる海の絵の共同制作にもなります。

(執筆者：あっか)

実態

描画が苦手ですが、見本を見て模倣することは得意な子どもです。はさみで15cm程度の直線を切ることができます。

授業内容 「おいしい秋〜①サンマ定食②きのこパスタ〜」

導入で、「秋に食べるものって、何だろう？」と子ども達に発問をし、サンマ定食ときのこパスタを作ることになりました。サンマは、アルミホイルで作りました。アルミホイルで作る際は、写真で提示したり、動画を視聴したりして、イメージをつかみやすくしました。アルミホイルを使ってサンマの形を作るのは難易度が上がるため、芯の部分にサンマの形の厚紙や段ボールを入れると作りやすいかもしれません。きのこパスタのパスタは、クリーム色の紙を、シュレッダーを使って粉砕し、パスタに見立てました。どちらもアルミホイルやシュレッダーの紙の素材のよさを生かして、作る楽しさを感じながら取り組むことができました。

（執筆者：谷本春奈）

実 態

　細かい作業に苦手意識があったり、丁寧に取り組むことが難しかったりする子が多い学級です。

授業内容　「キラキラ★クリスマスオーナメント」

　クリスマスに向けて、オーナメントづくりをしました。①段ボールを好きな形に切る②実態に合わせてボンドやグルーガン、毛糸やモールを貼り付けて凸部分を作る③全体にボンドをつけてからアルミホイルを優しく貼る④カラーペンで色を塗る⑤紐をつけて完成です。

　ボンドを使う場合は、先の細い詰め替え容器（100円ショップ等）を使うと、子どもでも量が調節しやすそうでした。色を塗る時の約束は、「隣同士は違う色」のみとしました。凹凸があることで、はみ出すこともなく、ペンの書き心地もスルスルして気持ちがよいのか、みんな夢中になって取り組んでいました。

（執筆者：keika）

授業のアイデアをメモしておこう

CHAPTER 3

授業づくり　図画工作科

家庭科の授業づくり

―― 学習指導要領で目標を確認しよう！――

小学校学習指導要領　教科の目標

生活の営みに係る見方・考え方を働かせ、衣食住などに関する実践的・体験的な活動を通して、（　①　）をよりよくしようと工夫する資質・能力を次のとおり育成することを目指す。

(1) 家族や（　②　）、衣食住、消費や環境などについて、日常生活に必要な基礎的な理解を図るとともに、それらに係る技能を身に付けるようにする。

(2) 日常生活の中から問題を見いだして（　③　）を設定し、様々な解決方法を考え、実践を評価・改善し、考えたことを表現するなど、課題を解決する力を養う。

(3) 家庭生活を大切にする心情を育み、家族や地域の人々との関わりを考え、家族の一員として、生活をよりよくしようと工夫する（　④　）な態度を養う。

特別支援学校学習指導要領　中学部　教科の目標

生活の営みに係る見方・考え方や職業の見方・考え方を働かせ、生活や職業に関する実践的・体験的な学習活動を通して、よりよい（　①　）の実現に向けて工夫する資質・能力を次のとおり育成することを目指す。

(1) 生活や職業に対する関心を高め、将来の（　②　）生活や職業生活に係る基礎的な知識や技能を身に付けるようにする。

(2) 将来の家庭生活や職業生活に必要な事柄を見いだして（　③　）を設定し、解決策を考え、実践を評価・改善し、

自分の考えを表現するなどして、課題を解決する力を養う。

（3）よりよい家庭生活や将来の職業生活の実現に向けて、生活を工夫し考えようとする（　④　）な態度を養う。

答え

①生活　②家庭　③課題　④実践的

■大切にしたい授業づくりの視点

⇒生活技能を身につけ、生活に活かす

　子ども達が日常生活に必要な基本的なスキル（料理、掃除、衣服の手入れなど）を学ぶことで、生きていくために必要な力を育むことが重要です。また、学んだことを生活での実践につなげることで、「生活に活かす力」を育てることが大切です。

　そのために、まずは自分の生活を見つめ直し、よりよい生活のための課題や解決方法を考えていきます。例えば、自分の食生活や家庭生活を取り上げ、日常生活が変わる授業を目指します。

　また、職業分野では、「働く」ことを意識できるような学習活動が大切です。実際の作業や実習を通して、働くことをイメージできるような工夫が大切です。

■家庭科の内容をもとにして、学級の子どもの得意（好き）や苦手をまとめてみよう

氏名	
家庭科（職業・家庭科）の内容	
【家庭分野】 A）家族・家庭生活　B）衣食住の生活　C）消費生活・環境 【職業分野】 A）職業生活　B）情報機器の活用　C）産業現場等における実習	
得意	
苦手	
目標	

実態

 裁縫が得意な生徒と苦手な生徒が半々の学級です。能力差が大きく、授業を進めていくうちに差が生じてしまいます。

裁縫が得意な生徒は縫うことにチャレンジ！もちろん貼り付けもOK

裁縫が苦手な生徒は貼り付ける

写真立てにいれるとこんな感じ

授業内容 「裁縫アート～裁縫に慣れよう～」

 ①布の切り方②玉止め③玉結び④なみ縫い⑤ボタンの縫い付けを学習後、総復習として「裁縫アート」を単元化しました。

 授業では、写真立ての大きさの布に①～⑤の技法を用いて制作をしました。裁縫が得意な生徒は、①～⑤の技法を全て用いて制作しました。裁縫に苦手意識のある生徒は、布用ボンドを用いてボタンや好きな形に切った布を貼り付けるなど、取り組みやすい形で取り組みました。

 完成後は、写真立てに入れたり、画用紙に貼りつけたりして廊下展示を実施しました。この単元を通して、布を使った小物作りに抵抗感をもつことなく、次の制作活動の単元に取り組むことができました。

（執筆者：空に架かる橋Ⅰメンバー）

実態

　手先を使うことは苦手ですが、作品作りをすることは好きという強みがある子どもです。

授業内容　「自分の力で小物を作ろう」

　手先を動かすことが難しい肢体不自由の生徒や、一人で活動することが難しい重度の生徒たちが、自分の力で作品作りができるよう思考した授業です。教具は、100円ショップダイソーの「くるくる回して作れるボンボン&タッセルメーカー」を使いました。生徒の実態に合わせて、自分の力でできるところは自分で行えるようにするなど、成功体験を積み重ねられるように配慮します。今回は、巻くまでの下準備は教師が行い、生徒はメインのハンドルの操作を行いました。事前に、毛糸の長さを作品に合わせて調整しておくことで、巻き終わりが目で見てわかるため、最後まで手を止めることなく巻き終えることができました。出来上がったボンボンは、教室内に掲示することで生徒の自己肯定感を高めます。

（執筆者：空に架かる橋Iメンバー）

実態

不器用さがあり、指先を使った細かい作業に苦手意識をもっている子どもです。

輪ゴム

たこ糸

木綿糸

授業内容 「玉結びでいちごを完成させよう」

家庭科の裁縫で学習する玉結びは、親指と人差し指で細い糸を「つまむ」「巻き付ける」「すべらせる（糸をより合わせる）」等、不器用さをもつ子どもにとってはとてもハードルの高い作業です。

そこで練習の意欲が継続するように、「玉結びでいちごを完成させよう」という目標を設定しました。指先が思うように動かせない子どもも「できた」を実感できるように、初めに指先でしっかりつまむことができる「輪ゴム」を使い、巻き付けたり糸をより合わせたりする感覚をつかませました。その上で「たこ糸」から「木綿糸」へ、徐々に糸を細くしていくスモールステップでの練習を行うことで、いちごの完成に向けて自信を持って取り組む姿が見られました。

（執筆者：手代範子）

体育科の授業づくり

―― 学習指導要領で目標を確認しよう！――

小学校学習指導要領　教科の目標

体育や保健の見方・考え方を働かせ、課題を見付け、その解決に向けた学習過程を通して、心と体を一体として捉え、生涯にわたって心身の健康を保持増進し豊かな（ ① ）を実現するための資質・能力を次のとおり育成することを目指す。

（1）その特性に応じた各種の運動の行い方及び身近な生活における（ ② ）・安全について理解するとともに、基本的な動きや技能を身に付けるようにする。

（2）運動や健康についての自己の課題を見付け、その解決に向けて思考し判断するとともに、他者に（ ③ ）力を養う。

（3）運動に親しむとともに健康の保持増進と（ ④ ）の向上を目指し、楽しく明るい生活を営む態度を養う。

特別支援学校学習指導要領　小学部　教科の目標

体育や保健の見方・考え方を働かせ、課題に気付き、その解決に向けた学習過程を通して、心と体を一体として捉え、生涯にわたって心身の健康を保持増進し、豊かな（ ① ）を実現するための資質・能力を次のとおり育成することを目指す。

（1）遊びや基本的な運動の行い方及び身近な生活における（ ② ）について知るとともに、基本的な動きや健康な生活に必要な事柄を身に付けるようにする。

（2）遊びや基本的な運動及び健康についての自分の課題に気付き、その解決に向けて自ら考え行動し、他者に（ ③ ）力を養う。

（3）遊びや基本的な運動に親しむことや健康の保持増進と（　④　）の向上を目指し、楽しく明るい生活を営む態度を養う。

答え
①スポーツライフ　②健康　③伝える　④体力

■大切にしたい授業づくりの視点
⇒ 小さなできたを積み重ねる「成功体験」

　体育科は技能教科と呼ばれるように、できる・できないが分かれてしまいやすいです。運動が苦手な子にとって、やってもできないことが続くとやる気を無くしてしまいます。だからこそ、運動や課題を細分化し、小さなできたを積み重ねることで成功体験を増やしていきましょう。そのために、教材の力を借りることも有効です。鉄棒なら「くるりんベルト」、縄跳びなら「フープとびなわ」といった教材があります。ぜひ子どもの実態に応じて使用してみてください。

　また、運動やスポーツを「する・みる・支える・知る」など、多様な視点を大切にしましょう。

フープとびなわ

くるりんベルト

■体育科の内容をもとにして、学級の子どもの得意（好き）や苦手をまとめてみよう

氏名	
体育科の内容	
（1）運動領域 ア）体つくり運動　イ）器械運動　ウ）陸上運動　エ）水泳運動 オ）ボール運動　カ）表現運動　キ）集団行動 （2）保健領域 ア）健康な生活　イ）体の発育・発達　ウ）心の健康　エ）けがの防止 オ）病気の予防	
得意	
苦手	
目標	

【参考】・鉄棒くるりんベルト（TOSS オリジナル教材ウェブサイト）
　　　　　https://www.tiotoss.jp/products/detail.php?product_id=61
　　　　・『フープとびなわでなわとびは誰でも跳ばせられる』（高畑庄蔵著、明治図書出版、1989）

実 態

　なわとびが顔に当たったことから恐怖心があり、縄を持つことが難しく、なわとびの授業には参加したくない子どもがいます。

授業内容　「ゴムレーザージャンプゲーム」

　過去になわとびが顔に当たってしまった経験があるなど、なわとびへの恐怖心が強まると、活動に参加することが難しくなってしまうことがあります。心的要因が考えられる場合には、決して無理強いせず、安全な環境で安心して活動に参加できるように配慮します。今回は床に置いた太いゴム紐やロープなわとびを踏まないように跳んで進んでいくゲームにすることで、楽しんで参加できるように工夫しました。慣れてきたら、「パワーアップアイテム発見！」として、なわとびの持ち手のみ（ひもを外した状態）を持ってゴールに進みます。安心して取り組める人や学習道具を見つけ、本人が「やってみたい」と思えたときがチャレンジ開始の合図です。

（執筆者：いるかどり）

> 実態

ボールを投げることが難しい子どもがいます。

> 授業内容 「とどけ！ファイヤーボール」

「投」の運動では、投げの経験が少ない子や協調運動が難しい子には、体の動きを段階的に指導していくことが大切です。今回は5段階に設定して取り組みました。

最終的には、1〜5段階の動きが、流れるように連動することを目指します。新聞紙をビニール袋に入れた教材で、肩についた触感で腕を上げていることが確認できるところがポイントです。ファイヤーボールに見立て、ボールでモンスターを倒す設定にし、力一杯投げたくなるように工夫しました。①横向きになる②投げる位置（目標）の方向を見る③ボールを持たない手で投げる位置（目標）を指差す④ボールを持った手を肩の上まで上げる（右利きなら右肩）⑤ボールを持っている方の肘が投げる方向に向くように腕を振り下ろす→ボールを投げるという流れです。

（執筆者：いるかどり）

実 態

バットでボールを遠くに飛ばすことが難しい子どもです。

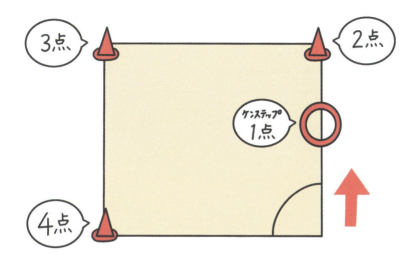

授業内容　「レッツプレイ！Tボール」

　バットで遠くにボールを飛ばすことのできない子が、必ず1点取れるようにコートとルールを工夫しました。バットでボールを打った後、一塁方向へ向かう途中にケンステップ（実態に応じて位置をずらすとよい）を置き、踏むことで必ず1点取れるようにしました。

　特点は、ケンステップ1点、1塁が2点、2塁が3点、3塁が4点、ホームランが5点と設定しています。

　遠くにボールを打つことが難しい生徒や走ることが苦手な生徒でも、必ず1点取れることで達成感を味わうことができた様子や、障がいの程度に関係なく楽しめるルールにすることで、チーム内外問わず、お互いを褒め称える様子が見られ、楽しいゲームを行うことができました。

（執筆者：空に架かる橋Iメンバー）

道徳科の授業づくり

―― 学習指導要領で目標を確認しよう！――

小学校学習指導要領　教科の目標

第1章総則の第1の2の（2）に示す道徳教育の目標に基づき、よりよく生きるための基盤となる道徳性を養うため、道徳的諸価値についての理解を基に、自己を見つめ、物事を多面的・多角的に考え、自己の（　①　）についての考えを深める学習を通して、道徳的な判断力、心情、実践意欲と態度を育てる。

特別支援学校学習指導要領　小学部　教科の目標

小学部又は中学部の道徳科の目標、内容及び指導計画の作成と内容の取扱いについては、それぞれ小学校学習指導要領第3章又は中学校学習指導要領第3章に示すものに準ずるほか、次に示すところによるものとする。

1. 児童又は生徒の障害による学習上又は生活上の困難を改善・克服して、強く生きようとする意欲を高め、明るい生活態度を養うとともに、健全な（　②　）の育成を図る必要があること。
2. 各教科、外国語活動、総合的な学習の時間、特別活動及び自立活動との関連を密にしながら、（　③　）の拡充を図り、豊かな道徳的心情を育て、広い視野に立って道徳的判断や行動ができるように指導する必要があること。
3. 知的障害者である児童又は生徒に対する教育を行う特別支援学校において、内容の指導に当たっては、個々の児童又は生徒の知的障害の状態、生活年齢、学習状況及び経験等に応じて、適切に指導の重点を定め、指導内容を具体化し、（　④　）な活動を取り入れるなどの工夫を行うこと。

> **答え**
> ①生き方　②人生観　③経験　④体験的

■大切にしたい授業づくりの視点

⇒多面的・多角的に物事を考える「多様な見方」

　道徳の授業で大切にしたいことは、人の意見や話に耳を傾け、自分とは異なる見方や考え方を手に入れることだと考えます。教材の多くは、正解を一つに絞り切れません。授業の中で、悩みながらも多様な見方があることに気づけることが大切です。その上で、自分だったらどうするか、何を大切にしたいかを考えます。つまり、自分の生き方や将来への展望です。

　深く考える授業にするには、立ち止まって考えるポイントを作ることが大切です。時には、物事を批判的に考えてみることも、自分たちの当たり前を問い直すためには有効です。そのために、教師が子どもの思考に揺さぶりをかける発問や声かけをすることも必要です。

■道徳科の内容をもとにして、学級の子どもの得意（好き）や苦手をまとめてみよう

氏名	
道徳科の内容	

A「主として自分自身に関すること」
B「主として人とのかかわりに関すること」
C「主として集団や社会とのかかわりに 関すること」
D「主として生命や自然、崇高なものとのかかわりに関すること」

得意	
苦手	
目標	

【参考】教育情報STEP研修講座号（嶺南教育事務所、2022.9.30）
http://info.pref.fukui.jp/gakukyo/reinan/index/file/step/STEP0930doutoku.pdf

実態

自分の長所がわからず、学習の進度や運動等、他者と比べて自分はどうせできないと悲観的に感じている子どもが多い学級です。

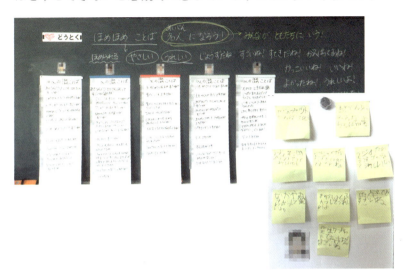

授業内容 「ほめほめタイム〜よいところ見つけをしよう！〜」

単元の第1次では「ほめほめ言葉名人」として、具体的な場面と褒め方の視点を明示した上で、友達のよいところを発表しました。発言は黒板のほめほめシートにすぐ記入することで、文字として褒め言葉が残ります。他者への関心が高いことから、互いを褒め合うことで、友達に対するポジティブな捉え方と発言を多く引き出すことにつながりました。

単元の第2次の「自分ほめほめタイム」では、前回作ったシートを読み返し、嬉しくて笑顔溢れる子ども達。シートを参考にしながら「自分ほめほめシート」に記入することで、『言われたこと』から『自分のよいところ』として認識を変えることができました。新たに自分のよいところに自分で気付ける児童もいました。

(執筆者：ごまむぎ)

実態

教科書や副読本等、読み物教材では場面や状況の理解が難しく、行動や気持ちを自分事に置き換えるのが難しい学級です。

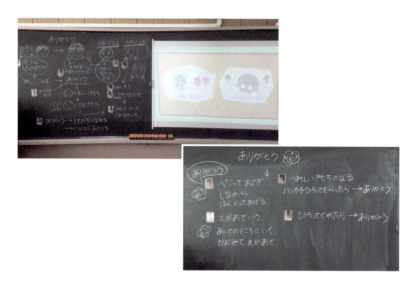

授業内容 「『ありがとう』言えるかな?」

「主人公のよくない行動」「どうしてダメなのか」「こうするとよくなる」――3つの場面に分かれた映像教材を用いて、場面ごとに動画を止め、状況や人物の気持ちを確認しながら授業を進めました。板書に顔写真を貼り、それが誰の発言かわかるようにしたことで、自分なりに考えて発言することにつながりました。

また、「こうすればできる」というお手本動画を参考にロールプレイングをすると、「ありがとうを言うと気持ちがいい!」「ありがとうって言われると自分も嬉しい!」等、実感することにつながりました。後日、6年生にありがとうの手紙を書く際には、「○○で遊んでくれてありがとう」「そうじを手伝ってくれてありがとう」と、具体的な場面を想起することができました。

(執筆者:ごまむぎ)

授業のアイデアをメモしておこう

特別活動の授業づくり

― 学習指導要領で目標を確認しよう！―

小学校学習指導要領　教科の目標

集団や社会の形成者としての見方・考え方を働かせ、様々な（　①　）に自主的、実践的に取り組み、互いのよさや可能性を発揮しながら集団や自己の生活上の課題を解決することを通して、次のとおり資質・能力を育成することを目指す。
（1）多様な他者と協働する様々な集団活動の意義や活動を行う上で必要となることについて理解し、（　②　）の仕方を身に付けるようにする。
（2）集団や自己の生活、人間関係の課題を見いだし、解決するために話し合い、（　③　）を図ったり、意思決定したりすることができるようにする。
（3）自主的、実践的な集団活動を通して身に付けたことを生かして，集団や社会における生活及び人間関係をよりよく形成するとともに、自己の生き方についての考えを深め、（　④　）を図ろうとする態度を養う。

特別支援学校学習指導要領　小学部　教科の目標

小学部又は中学部の特別活動の目標、各活動・学校行事の目標及び内容並びに指導計画の作成と内容の取扱いについては、それぞれ小学校学習指導要領第6章又は中学校学習指導要領第5章に示すものに準ずるほか、次に示すところによるものとする。
1　学級活動においては、適宜他の学級や学年と合同で行うなどして、少人数からくる種々の制約を解消し、活発な（　①　）が行われるようにする必要があること。

2　児童又は生徒の経験を広めて積極的な態度を養い、社会性や豊かな人間性を育むために、（　①　）を通して小学校の児童又は中学校の生徒などと交流及び共同学習を行ったり、地域の人々などと活動を共にしたりする機会を積極的に設ける必要があること。その際、児童又は生徒の障害の状態や特性等を考慮して、活動の種類や時期、実施方法等を適切に定めること。

3　知的障害者である児童又は生徒に対する教育を行う特別支援学校において、内容の指導に当たっては、個々の児童又は生徒の知的障害の状態、生活年齢、学習状況及び経験等に応じて、適切に指導の重点を定め、具体的に指導する必要があること。

答え
①集団活動　②行動　③合意形成　④自己実現

■大切にしたい授業づくりの視点
⇒他者と協働する「集団活動」

　特別活動を充実させるためには、集団での活動が欠かせません。特別支援学級や特別支援学校では、少人数のため集団を形成するのが難しくなる場合があります。そのような時は、他の学級や学年と一緒に活動する工夫も必要です。

　知的障害のある児童生徒を指導する場合には、障害の状態や経験に加え、生活年齢や学習状況を考慮することも大切です。ただ一緒に活動すればいいのではなく、児童生徒が互いのよさや可能性を発揮しながら，多様な他者と協働していくことが重要です。また、学校行事では、個々の障害特性に配慮し、場所や時間を調整したり、多様な参加形態を認めたりしながら取り組むことが考えられます。

■特別活動の内容をもとにして、学級の子どもの得意（好き）や苦手をまとめてみよう

氏名	
特別活動の内容	
①学級活動　②児童会活動　③クラブ活動　④学校行事	
得意	
苦手	
目標	

実態

実際に地震の揺れを経験したことがないため、地震＝揺れる、物が倒れて危ないということがイメージできない子どもです。

授業内容　「防災戦隊マモルンジャー」

　地震の揺れを体験することができるように起震装置を作りました。起震装置は、コンクリートパネルの下に野球ボールを入れ、パネルが上下左右に動くような仕組みになっています。テレビで地震のシミュレーション映像を流したり、緊急地震速報を流したりしながら、教師が起震装置を揺らします。緊急地震速報が鳴ったらシェイクアウト（身を守るための安全確保行動）するよう促します。その際、避難の準備は揺れが収まってから行うよう促し、教師もそれを意識した行動をします。

　地震は揺れる、物が倒れてくる等の学習を疑似体験することで、実際に地震がきても慌てず行動できるよう、継続した指導を行っています。校内の避難訓練では、学習の成果を活かし、すぐにシェイクアウトの姿勢をとることができました。

（執筆者：Mon）

> **実態**

コミュニケーションが苦手で、不器用な子どもが多い学級です。

> **授業内容**　「ボッチャでレクリエーション～人をつなぐ～」

> **投げ方**

Aアプローチ（よせる）、Bヒット（とばす）、Cプッシュ（押し込む）

> **遊び方**

① **ターゲットボッチャ**
　・新聞紙にのせる（広げる・半分・1/4の大きさ等に折る）
　・ペットボトル、コーン、マーカー
　・フラフープ、輪の中に入れる

② **点数ボッチャ（点数を数える訓練にも）**
　①の各目標に点数を付ける（例1,2,3,5など）ことで、ゲーム性をもたせます。

③ **ゲームにチャレンジ**
　赤、青交互に白玉めがけて投球、白玉に近い方を勝ちとします。楽しむことで、協力し合い、他者とかかわり、一人ひとりが夢中になれました。

（執筆者：保田好一）

授業のアイデアをメモしておこう

CHAPTER 3

授業づくり

特別活動

総合的な学習の時間の授業づくり

── 学習指導要領で目標を確認しよう！──

小学校学習指導要領　教科の目標

（　①　）な見方・考え方を働かせ、横断的・総合的な学習を行うことを通して、よりよく課題を解決し、自己の生き方を考えていくための資質・能力を次のとおり育成することを目指す。

（1）（　①　）な学習の過程において、課題の解決に必要な知識及び技能を身に付け、課題に関わる概念を形成し、（　①　）な学習のよさを理解するようにする。

（2）実社会や実生活の中から（　②　）を見いだし、自分で課題を立て、情報を集め、整理・分析して、まとめ・表現することができるようにする。

（3）（　①　）な学習に主体的・協働的に取り組むとともに、互いのよさを生かしながら、積極的に（　③　）に参画しようとする態度を養う。

特別支援学校学習指導要領　小学部　教科の目標

小学部又は中学部における総合的な学習の時間の目標、各学校において定める目標及び内容並びに指導計画の作成と内容の取扱いについては、それぞれ小学校学習指導要領第5章又は中学校学習指導要領第4章に示すものに準ずるほか、次に示すところによるものとする。

1　児童又は生徒の障害の状態や発達の段階等を十分考慮し、学習活動が効果的に行われるよう配慮すること。

2　体験活動に当たっては、安全と保健に留意するとともに、学習活動に応じて、小学校の児童又は中学校の生徒などと交流

及び共同学習を行うよう配慮すること。

3　知的障害者である生徒に対する教育を行う特別支援学校中学部において、（　①　）な学習を行う場合には、知的障害のある生徒の学習上の特性として、学習によって得た知識や技能が（　④　）になりやすいことなどを踏まえ、各教科等の学習で培われた資質・能力を総合的に関連付けながら、具体的に指導内容を設定し、生徒が自らの課題を解決できるように配慮すること。

答え
①探究的　②問い　③社会　④断片的

■大切にしたい授業づくりの視点
⇒学習を「探求的」にする

　総合的な学習の授業づくりのポイントは、2つあります。一つは、「学習過程を探究的にすること」、もう一つは「他者と協働して主体的に取り組む学習活動にすること」です。特に大切なのは、探求的な学習にするために、以下のプロセスを意識することです。

● ①課題の設定　②情報の収集　③整理・分析　④まとめ・表現

　これらの探求の過程は、順番が前後する場合や、複数のプロセスが一つの活動の中に一体化して同時に行われる場合もあります。教師がこのイメージをもつことが大切です。また、それぞれのプロセスにおいて、子どもの苦手さに配慮した支援が必要となります。

■探求の過程をもとにして、学級の子どもの得意（好き）や苦手をまとめてみよう

氏名	
探求の過程	

【①課題の設定】体験活動などを通して、課題を設定し課題意識をもつ
【②情報の収集】必要な情報を取り出したり収集したりする
【③整理・分析】収集した情報を、整理したり分析したりして思考する
【④まとめ・表現】気付きや発見、自分の考えなどをまとめ、判断し、表現する

得意	
苦手	
目標	

実 態

運動することに苦手意識が強く、自分に自信がない子どもです。映像や文章では、物事のイメージをもつことが難しいようです。

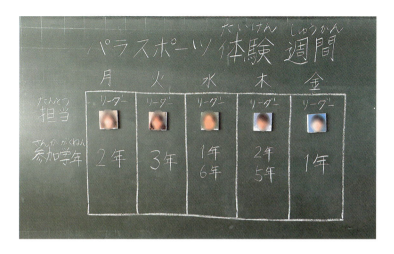

授業内容 「4年生と合同開催!パラスポーツ週間を企画しよう」

本単元は、①障がいの有無に関係なく、すべての人が自分らしく活躍できる共生社会をつくっていくことの大切さを学ぶ②パラスポーツやアスリートといった親しみやすい題材を通じて、子ども達の関心を高める、以上2点を目標として計画しました。

「アスリートと交流できる機会を設定し、体験的な学習にする」ことで主体的に活動できるようにしました。4年生の交流学年の子ども達と一緒に計画を進め、体験当日には、車いすバスケットボールの選手を招待することができました。体験後、子ども達が中心となり、管理職や専科教員の協力のもと、ボッチャと車いすバスケットボールを体育館で一週間体験できる期間を設定しました。運動に苦手意識のあったAさんも運営側になることで楽しく参加できました。

（執筆者：いるかどり）

実態

　一斉授業に抵抗感があり、みんなと一緒に学習することが難しい子どもです。好きなことについては、とても詳しいという強みがあります。

Aさんは、お気に入りのキャラクターについて皆の前で発表しました

授業内容　「好きなものを紹介しよう」

　総合の学習で、好きなもの調べを行い、アプリでまとめて発表しました。今回は、ゲームでもアニメでも乗り物でも、紹介したいことならなんでもよいとしたことで、普段は参加したがらない児童も意欲的に参加することができました。初めてのことに不安が強い子の場合、調べる内容もよくわからない、アプリを使うのも初めて、発表も緊張するなど、不安感が強くなってしまうと取り組みへの意欲が向かなくなってしまいます。まずは、本人がやりたい！教えたい！と思える内容から取り組むことで、好きなことだからこそ調べ学習にも力が入り、自然とアプリの操作にも慣れることができていました。

（執筆者：keika）

授業のアイデアをメモしておこう

外国語活動の授業づくり

―― 学習指導要領で目標を確認しよう！――

小学校学習指導要領　教科の目標

外国語による（　①　）における見方・考え方を働かせ、外国語による聞くこと、話すことの言語活動を通して、（　①　）を図る（　②　）となる資質・能力を次のとおり育成することを目指す。

（1）外国語を通して、言語や文化について（　③　）に理解を深め、日本語と外国語との（　④　）の違い等に気付くとともに、外国語の（　④　）や基本的な表現に慣れ親しむようにする。

（2）身近で簡単な事柄について、外国語で聞いたり話したりして自分の考えや気持ちなどを伝え合う力の（　②　）を養う。

（3）外国語を通して、言語やその背景にある文化に対する理解を深め、相手に配慮しながら、主体的に外国語を用いて（　①　）を図ろうとする態度を養う。

特別支援学校学習指導要領　小学部　教科の目標

外国語による（　①　）における見方・考え方を働かせ、外国語や外国の文化に触れることを通して、（　①　）を図る（　②　）となる資質・能力を次のとおり育成することを目指す。

（1）外国語を用いた（　③　）な活動を通して、日本語と外国語の（　④　）の違いなどに気付き、外国語の（　④　）に慣れ親しむようにする。

（2）身近で簡単な事柄について、外国語に触れ、自分の気持ちを伝え合う力の（　②　）を養う。

（3）外国語を通して、外国の文化などに触れながら、言語への関心を高め、進んで（　①　）を図ろうとする態度を養う。

> 答え
> ①コミュニケーション　②素地　③体験的　④音声

■大切にしたい授業づくりの視点

⇒子ども達にとって身近な事柄から学びを取り入れる

　外国語活動で大切なことは、体験的な学びを取り入れることです。体験的な学びは、子ども達にとって馴染みのあるものから取り入れることをおすすめします。例えば、好きな歌、既に学んだことのある活動、あいさつを外国語にアレンジするなどです。既に内容を知っているという安心感は、子ども達の外国語活動への自信と意欲の向上につながります。外国語活動は、外国語科への円滑な学びの接続をねらいとしています。外国語に初めて触れる子や苦手意識のある子でも、外国語を用いたコミュニケーションのよさに気づけるようにするとともに、その素地となる資質・能力を育むことができるよう、授業を工夫しましょう。

■外国語活動の内容をもとにして、学級の子どもの得意（好き）や苦手をまとめてみよう

氏名	
外国語活動の内容	
(1) 聞くこと　(2) 話すこと [やり取り]　(3) 話すこと [発表]	
得意	
苦手	
目標	

実態

　身近な内容であれば、楽しく外国語活動を学べます。回答に困ると、固まってしまう子どもが多いです。

授業内容　「給食ランキングでBINGOを楽しもう!」

　事前にクラス内での「給食ランキング10」を作成し、実際にそのメニューを用いたビンゴを行いました。自分たちの給食ランキングを使用したことで、皆が知っている共通のテーマのもと楽しむことができました。好きなメニューの日本語以外の名称を知ったり、日本語と似ている発音を見つけたりするなど、外国語の表現に親しみをもつことができました。ビンゴの開始時には、「I like lunch time!」と唱えることができたら、真ん中のビンゴを開けてよいというルールを取り入れ、気軽に外国語を話すことができるよう工夫しました。カードは絵ではなく、実際の写真を用いたことで、内容に混乱することなく活動に参加できました。

（執筆者：mii）

実態

ゲーム的要素を取り入れると意欲的に取り組むことができる一方、新しく学ぶことに対しては消極的な様子が見られます。

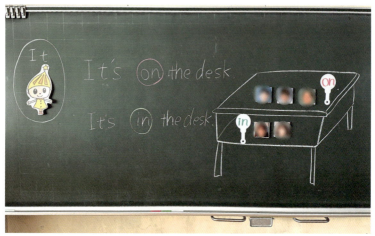

回答者の顔写真を黒板に貼っている様子です

授業内容　「『on or in』どっち？（だるまさんが転んだ風）」

　初めて習う前置詞（on,in）に対して、抵抗感なく学べるようにした活動です。最初は［It's on the desk.］［It's in the desk.］の二つの選択肢から始めました。出題者は、教室前方で宝を「机の上」か「机の中」に置きます。その間、回答者は教室後方で後ろ向きになって待機。「3,2,1」の合図とともに［on］か［in］か予想し、どちらかの札を上げます。［I'm ready.］の合図とともに振り向き、正解者は一歩進みます。最初に宝を手にしたらクリアです。宝に具体物を使ったり、机を使ったり、体を動かしたりしながら活動をしたことで、新出単元でも最後まで積極的に活動することができました。「机の下に隠したい時は何て言うの？」など、次時につながる意欲的な発言も見られました。

（執筆者：mii）

実態

ハロウィンの様子を見たことがなく、書いたり読んだりするだけでは、その文化をイメージすることが難しい子どもです。

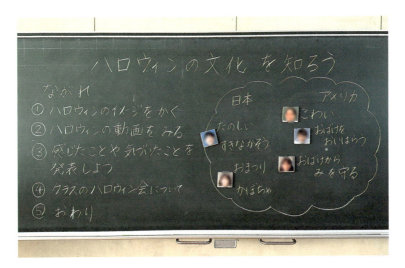

授業内容 「ハロウィンの文化にふれよう！」

ハロウィンを題材にし、外国の文化や言語に触れることをめあてに学習を行いました。ハロウィンの由来や仮装の意味、本国アメリカでは、仮装は「怖い」と言われることが褒め言葉であることなどを、実際の写真や動画を見て学びました。アメリカでのハロウィンの様子を動画で見た際は、日本の街や家との違いにも気づくことができ、異国の文化や風習を楽しんでいました。英語のハロウィンの歌を歌う際は、怖い顔をしたり、お化けの真似をした声で歌ったりして、学んだことを生かして楽しみました。また、「日本の特徴的な行事はなんだろう？」など、自国に興味関心を抱く発言をする子もいて、色々な国の文化を知りたいという意欲にもつながりました。

（執筆者：mii）

CASE

外国語科の授業づくり

―― 学習指導要領で目標を確認しよう！――

小学校学習指導要領　教科の目標

外国語による（ ① ）における見方・考え方を働かせ、外国語による聞くこと、読むこと、話すこと、書くことの言語活動を通して、（ ① ）を図る（ ④ ）となる資質・能力を次のとおり育成することを目指す。

（1）外国語の音声や文字、語彙、表現、文構造、言語の働きなどについて、日本語と外国語との違いに気付き、これらの知識を理解するとともに、読むこと、書くことに（ ③ ）み、聞くこと、読むこと、話すこと、書くことによる実際の（ ① ）において活用できる基礎的な技能を身に付けるようにする。

（2）（ ① ）を行う目的や場面、状況などに応じて、身近で簡単な事柄について、聞いたり話したりするとともに、音声で十分に慣れ親しんだ外国語の語彙や基本的な表現を推測しながら読んだり、語順を意識しながら書いたりして、自分の考えや気持ちなどを伝え合うことができる（ ② ）的な力を養う。

（3）外国語の背景にある文化に対する理解を深め、他者に配慮しながら、主体的に外国語を用いて（ ① ）を図ろうとする態度を養う。

特別支援学校学習指導要領　小学部　教科の目標

外国語による（ ① ）における見方・考え方を働かせ、外国語の音声や基本的な表現に触れる活動を通して、（ ① ）を図る

（　④　）となる資質・能力を次のとおり育成することを目指す。

（1）外国語を用いた体験的な活動を通して、身近な生活で見聞きする外国語に興味や関心をもち、外国語の音声や基本的な表現に（　③　）むようにする。

（2）身近で簡単な事柄について、外国語で聞いたり話したりして自分の考えや気持ちなどを伝え合う力の（　④　）を養う。

（3）外国語を通して、外国語やその背景にある文化の多様性を知り、相手に配慮しながら（　①　）を図ろうとする態度を養う。

答え
①コミュニケーション　②基礎　③慣れ親し　④素地

■大切にしたい授業づくりの視点

⇒コミュニケーション活動から生まれる学びを意識する

　外国語活動と外国語科との大きな違いは、「聞くこと」「話すこと」に加え、「読むこと」「書くこと」が追加されることです。従来の中学校の内容が前倒しされたかのように感じますが、「読むこと」「書くこと」は慣れ親しませる段階であることに留意しましょう。すべてに共通するのは、コミュニケーション活動を通じて気づきを促すことです。「読むこと」であれば、コミュニケーションの中で、何度も目にしてきた単語・発音を聞き、文字と音の関係をおおまかに理解することで、徐々に単語が読めるようになるなどです。単に知識を扱うのではなく、身近な出来事や人とのかかわりの中で事象を捉えたり、外国語やその背景にある文化について体験的に理解できるよう、発達段階に応じたテーマの選択などが必要となります。

■外国語科の内容をもとにして、学級の子どもの得意（好き）や苦手をまとめてみよう

氏名	
外国語科の内容	
(1) 聞くこと　(2) 読むこと　(3) 話すこと [やり取り] (4) 話すこと [発表]　(5) 書くこと	
得意	
苦手	
目標	

実態

自分の気持ちを理解したり、相手に表現したりすることが苦手な子どもです。また、文字情報だけでは内容の理解が難しいです。

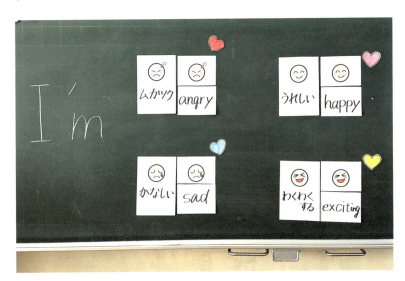

授業内容　「気持ちを英語でも表現してみよう」

「I'm～」で、外国語による気持ちの表現を行いました。まず、「happy」「exciting」「sad」「angry」など、子ども達にとって身近な気持ちの表現を伝えたあと、単語と表情カードのマッチング、ハートの枠に感情の色を塗る活動を取り入れました。事前に、自立活動で日本語版の同じ内容を行ったので、スムーズに活動に参加できました。同じ意味でも、日本語と外国語の表現に違いがあること、言葉の表現は違っても表情は変わらないこと、さらには、「I'mが必ず付くね」など、文法の決まりについて気づいた児童もいました。学習後は、朝の健康観察時に習った表現で気持ちを伝えるなど、日々のコミュニケーションの一環として、外国語を用いています。

（執筆者：mii）

実態

国語で習ったローマ字読みと外国語の発音の区別が難しく、単語を発音通りに読むのが難しい児童です。（aはエーとしか読めない）

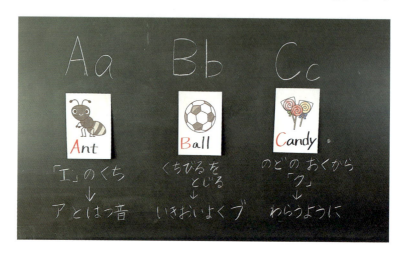

授業内容 「フォニックスソングで楽しもう」

英字の並びを単語として認識し、発音通りに読めるようになることを目的とした授業です。まず導入として、フォニックスソングを毎朝歌う活動を取り入れました。楽しい曲調なので、子ども達はノリノリで意欲的に歌っていました。好評だったので、毎日の片付けタイムにも歌を流し、日常の中で外国語の発音に慣れ親しむ時間を増やしました。授業では、いつものフォニックスソングを歌うことから始めることで、リラックスして授業に臨めるようにしました。単語のaは「エー」ではなく「ア」と読むこと、aから始まる単語カード（イラスト付き）を見比べて、すべて「ア」と読む共通性を見つける活動を取り入れました。「歌でも「ア」から始まるね」、「Iは「イ」の歌詞だね」と歌から気づく子もいて、継続した指導の有効性を感じました。

（執筆者：mii）

授業のアイデアをメモしておこう

子ども達がワクワク！ドキドキ！夢中になった手作り教材！

■「ワニワニゲーム」

　ワニをよく見てたたくのがねらいです。対教師だけでなく、子ども同士でも楽しむことができる教材です。

■「ボール落としゲーム」

　目と手の協応動作を促す教材です。速く箱を動かすとかえってボールが落ちないのがポイントです。

■「なぞり消し迷路」

　鉛筆やマーカーを使ったなぞり書きが難しい子どものために作った教材です。線を消すので終わりがわかり、達成感が得やすいです。

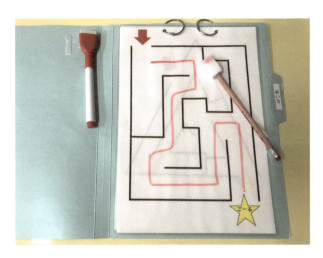

■「洗濯バサミではさもう」

　片手でひもを引っ張りながら、もう一方の手は洗濯バサミを操作するという両手の協調性をねらった教材です。

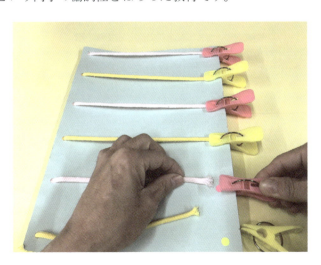

■「花丸はどっち?」

　不適切な行動に対して、代わりにどのような行動をとればよいかを視覚的に示し、花丸で評価できるようにした教材です。

■「ごほうびボード」

　食べられるものを増やすために使用した教材です。事前に食べられる量に調節しておき、一皿食べるごとにシールを貼っていきました。

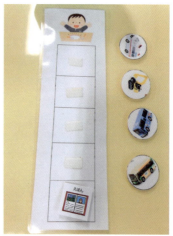

■「身だしなみチェックカード」

　身だしなみ項目を自分でチェックするための教材です。一つの項目ができたら花丸が貼れるようになっています。

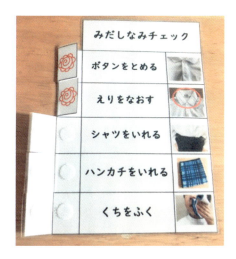

■「シールでお絵描き」

　色マッチングで絵を完成させていく教材です。色シールをラミネートし、マジックテープで着脱できるようにしています。

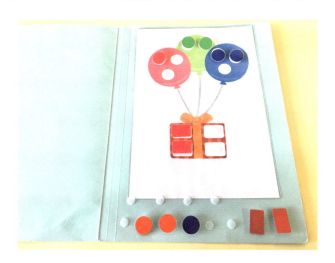

■「マグネットなぞり書き」

　マグネットシートを線や形に切り、端に穴を開けた教材です。子どもは、穴から穴へペンを動かすとき、マグネットの凸面から落ちないように、自発的にペンの動きを調整するようになります。

■「紙皿シアター」

　イラストを貼った2枚の紙皿に切り込みを入れ、重ね合わせていく教材です。くるくる回しながら重ねていくことで、子どもは楽しんで、見る力や聞く力をつけることができます。

■「数字パズル」

　カラーパネルに数字と丸シールを貼り、数字ごとに異なる切り口で切った教材です。パズルのような感覚で数字と数量を合わせることができます。

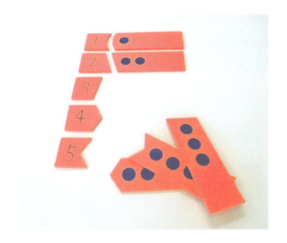

■「絵ことば分割カード」

　薄いイラストと文字を合わせたカードを、一文字ずつ分割した教材です。文字を組み合わせて単語にしたり、単語を分解して一文字ずつ読んだりすることを通して、文字と意味の一致を図ります。

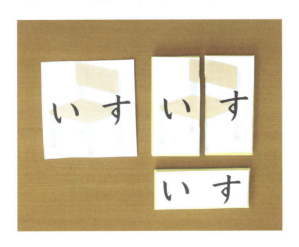

■「分類挿し」
　発泡スチロールブロックに、イラストを貼り付けた爪楊枝を挿し、用途によって分類する教材です。形を見比べ、カテゴリーを意識したまとまりで分類します。

■「指上げ」
　カラーボードを手形に切り取って貼り合わせ、シールをつけた教材です。子どもは、教師の色の指示に合わせて指を上げることで、指の分化（一本一本分けて動かす）を促します。

■「音韻タッチ」

　カラーボードに穴をあけ、トイレットペーパーの芯をつけたものです。子どもは、芯の穴を塞ぐようにタッチしながら、音のまとまりを学習します。

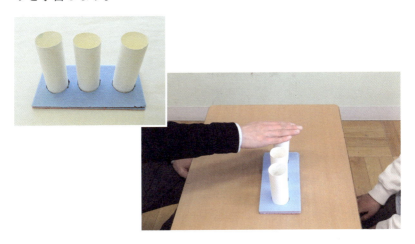

■「しっぽ引き」

　ポリエチレン製のテープの端に洗濯ばさみをつけ、お互いの服の裾に挟み、引っ張り合う教材です。いつでもどこでも誰でも参加可能なゲームです。メダルなどを用意すると盛り上がります。

■「くるくる漢字」
　漢字のパーツをヒントにしながら、正しい漢字をつくります。くるくると回しながら楽しく活動することができます。

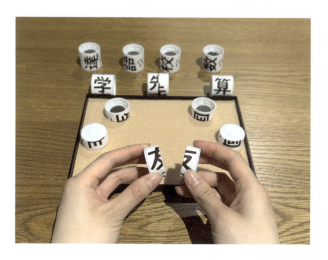

■「板書用マス目シート」
　スムーズに書くことができるように、子どもが使用している学習道具（ノート白・鉛筆黒）に合わせ板書用のシートを作成しました。

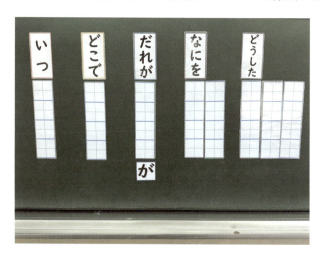

■「透明漢字パズル」

　漢字への苦手意識が強い場合に、パズルゲームのように楽しく学習を進めます。透明なシートを使用して重ねると漢字が完成します。

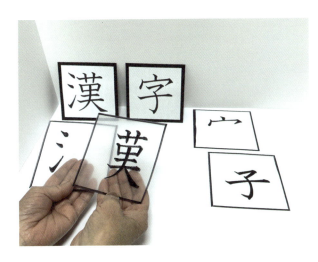

■「ひらがなＰカード」

　主にパネルシアターで使用するＰペーパーを使用して作成することで、やさしくあたたかみのある触感になります。パネル布を台紙にすることでやわらかく安全に学べます。

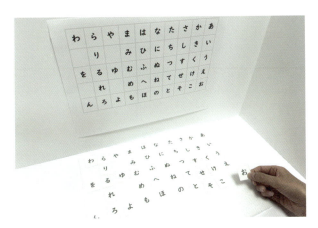

■「4色パネル」
　4色の位置を揃える学習です。上下左右などの平面の視空間認知にアプローチする学習です。裏面にフェルトを貼るとよく回転します。

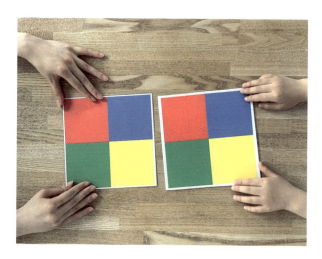

■「紙コップ運び」
　教師や友達と一緒に紙コップでボールを挟んで落とさないようにします。自然とコミュニケーションが生まれる活動です。

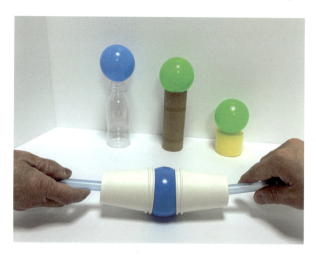

■「指数え手袋」

指数えをする際に、どこまで数えたか忘れてしまうことを予防します。数詞と数字のマッチングを目的に手袋で作成をしました。

■「ぷすっとボール」

ピンを刺す活動です。支える手にも意識が向くように、あえて転がりやすい球体で作成をしました。

おわりに

　１年間を終えたとき、もう一度、最初のページから読み返してみてください。あなたがどんな学級にしたいと願い、どんな指導や支援を通して子ども達とかかわることができたか振り返ってみましょう。

　きっと、「子ども達が成長した」「無事に卒業できた」など、嬉しかった思い出がよみがえってくるでしょう。

　同時に、「もっと〜すればよかった」「あれを失敗したな」など、できなかったことを思い出してしまうかもしれません。

　しかし、その反省は、子ども達にもっと効果的な指導ができるようになりたいと願っているからこそ感じるものです。ですから、どうか自分自身を否定せず「来年は〜をするぞ」と前向きに行動をしていきましょう。来年度に向けた計画の情報収集ツールとして、本書に書き込んだ記録がお役に立てたら幸いです。

"今この瞬間を子ども達と生きることができる"
"子ども達の成長に携わることができる"

　教師にとって、これほど幸せなことはありません。先生になりたいと夢をもったときの自分を忘れずに、純粋でまっすぐな気持ちを忘れずに、これからも教師として同じ時代を生きていきましょう。

　たくさんの愛を込めて

いるかどり

── 事例提供執筆協力者 ──

空に架かる橋Ｉメンバー

- 保田好一
- 笑実
- keika
- あっか
- すえ
- 奥山俊志哉
- みとい
- ゆきか
- Mon
- のんちゃん
- しらす
- 手代範子
- 米沢恵
- 谷本春奈
- an
- 大沢樹
- ごまむぎ
- mii

撮影協力

Knot a smile

もっと学びたい人は
こちらもオススメ！

カバーデザイン　沢田幸平（happeace）
本文デザイン・DTP　初見弘一（TOMORROW FROM HERE）

- ●本書の一部または全部について、個人で使用するほかは、著作権上、著者およびソシム株式会社の承諾を得ずに無断で複写／複製することは禁じられております。
- ●本書の内容の運用によって、いかなる障害が生じても、ソシム株式会社、著者のいずれも責任を負いかねますのであらかじめご了承ください。
- ●本書の内容に関して、ご質問やご意見などがございましたら、下記までFAXにてご連絡ください。なお、電話によるお問い合わせ、本書の内容を超えたご質問には応じられませんのでご了承ください。

特別支援学級ハンドブック
子ども主体で考える12か月の学級経営と授業づくり

2025 年 3 月 27 日　初版第 1 刷発行
2025 年 4 月 2 日　初版第 2 刷発行

著　者　いるかどり／武井恒／滝澤健
発行人　片柳秀夫
編集人　志水宣晴
発　行　ソシム株式会社
　　　　https://www.socym.co.jp/
　　　　〒101-0064 東京都千代田区神田猿楽町 1-5-15 猿楽町SSビル
　　　　TEL：（03）5217-2400（代表）
　　　　FAX：（03）5217-2420

印刷・製本　　中央精版印刷株式会社

定価はカバーに表示してあります。
落丁・乱丁本は弊社編集部までお送りください。送料弊社負担にてお取替えいたします。
ISBN978-4-8026-1502-0　©Irukadori/Hisashi Takei/Ken Takizawa 2025,
Printed in Japan